난민의 향기

정하돈 지음

예 지
Wisdom Publishing

"고생하며 무거운 짐을 진 너희는 모두 나에게 오너라.
내가 너희에게 안식을 주겠다."(마태 11,28)

✝ 하느님의 은총과 평화가 함께 하시기를 빕니다.

그동안 신자들을 위해 많은 강의와 저술을 해오신 정하돈 수녀님께서 이번에 노년을 준비하고 살아가는 데 필요한 지혜를 묶어 『노년의 향기』를 저술하셨습니다. 오래전부터 친분이 있는 정하돈 수녀님은 평생을 수도자이면서 교육자로, 여성 지도자로 살아오셨습니다. 인간의 늙음은 누구도 거부할 수 없는 자연현상입니다. 그런데 과학기술의 발달로 인간의 평균수명이 늘어 우리들은 100세 시대를 살고 있습니다. 그만큼 많은 시간을 노년기에 보내게 된다는 것입니다.

늙음이란 무엇입니까? 늙는다는 것은 단순히 신체적인 노화만은 아닐 겁니다. 나이는 어려도 늙은이처럼 사는 사람이 있고, 나이가 많아도 젊은이처럼 사는 이들도 있습니다. 삶에서 열정을 잃지 않으면 나이가 들어도 마음의 젊음은 얼마든지 구가할 수 있습니다. 초대교회 공동체에서는 경륜과 풍부한 경험을 가진 사람들을 노인이라 칭하고 이들 중에서 교회를 이끌어갈 지도자로 삼았습니다.

성 요한 바오로 2세 교황님께서는 '노인들에게 보낸 서한'에서 "인생 전반에 대한 올바른 시각의 회복이 절실히 필요하다. 인생의 모든 단계는 영원을 위한 의미 있는 준비이다."라고 말씀하신 바 있습니다. 올바른 시각은 영원에 대한 시각을 말합니다.

노년의 시기는 인생을 잘 마무리하고 열매를 맺어가는 인생의 중요한 때입니다. 특히 신앙적인 차원에서 열매를 맺는 가장 중요한 완성의 시기라고 할 수 있습니다. 그런 의미에서 정 수녀님의 저서가 많은 이들에게 도움과 길잡이가 되기를 바랍니다.

하느님께서는 여러분들의 평생 동안의 노고를 못 본 체 하지 않을 것입니다. 하느님께서 우리의 희생과 노고를 분명히 갚아 주시고 위로해 주실 것입니다. 여러분들 모두 매순간 즐겁게 시간을 보내시고 몸과 마음이 다 건강하시기를 하느님의 은총을 청합니다.

2021년 2월 9일 혜화동 주교관에서

정진석 추기경

추천사 2

나를 아껴 주시고 사랑해 주시며 늘 기도해 주시는 막내 이모님 정하돈(안나 마리아) 수녀님의 생의 마지막(?) 저서(이모님께서 그럴 거라 말씀하셨다)인 『노년의 향기』가 출판되어 참 기쁘다. 올해 수도서원 50주년을 맞이하는 이모님이 그동안 수도자로서 묵상과 기도 안에서 느끼고 생각한 것을 정리한 책이라서 더욱 의미 있고 기쁨이 크다.

마음으로 축하해 주고 싶어 추천서를 쓰면서 '노년의 향기'라는 책 제목에 대해 잠시 생각해 보았다. 왜 이런 제목을 붙였을까? '냄새'와 '향기'의 차이는 무엇일까? 쉽게 생각해서 머리를 감지 않아 나는 퀴퀴한 것은 '냄새'이고 향이 좋은 샴푸로 머리를 감은 뒤 나는 것은 '향기'일 터. 냄새는 좋지 않은 느낌이다. 발 냄새, 입 냄새, 곰팡이 냄새… 그러나 향기는 단어 자체부터 느낌이 좋다. 꽃향기, 달콤한 포도주 향기, 마침내 그리스도의 향기에 이르기까지…한 물체로부터 풍기는 것이 '냄새'가 아닌 '향기'라면 그 둘 사이에는 큰 차이가 있다.

'노년의 냄새'가 아니고 '노년의 향기'가 되려면 무엇이 달라야 할까? 또 무엇 때문에 냄새가 되고 향기가 되는 것일까?

이모님의 책 속에서 차분히 그 이유와 원리가 정리되어 있음을 만나게 된다. 그러므로 이 책은 지식을 주는 책이라기보다 지혜를 주는 책 같다. 어차피 가야 할 노년의 길에 들어서는 이에게는 '지침서'가 될 것이고, 이미 그 길을 가고 있는 분들에게는 성찰의 일기장처럼 공감하면서 읽을 수 있는 책이라고 생각된다.

노인의 인구가 점점 더 많아지는 이 사회에서 '냄새'가 아니라 '향기'가 나는 어르신들이 많아진다면 이 세상은 그만큼 더 향기로워질 것이다. 그리스도의 향기를 풍기는 신앙인이 많아질수록 온 세상에 퍼져 나가서 하느님의 나라를 확연히 드러내게 할 것이다.

요즘 돈 안 되는 일을 피하고 싶어 하는 세상에서 교회 내 출판업계도 살짝 피하고 싶어 했던차 예지출판사의 김종욱(플로라) 자매님이 기꺼이 받아주어 이 책이 세상에 빛을 볼 수 있게 되었다. 세례명 '플로라'는 '풀 향기'를 연상하게 하는 단어이어서 우연이 아닌 섭리라고 믿고 싶다. 다시 한 번 출판을 축하하며 감사드린다.

가톨릭 평화신문 평화방송

조카 조정래(시몬) 신부

흔히 사람들은 노년기를 '인생의 황혼기'라고 한다. 기차나 버스를 타고 갈 때면 창밖에 보이는 나무들을 바라보면서 내 인생의 계절은 '지금 어디일까? 지금 내가 해야 할 가장 중요한 것은 무엇일까?' 생각하던 내가 이제 70대 노인의 대열에 들어서게 되었으니 이런 질문은 더 이상 하지 않는다. 내가 지금 내 인생의 어느 계절에 있으며, 내 사명이 무엇인지를 알고 있기 때문일까?

요즘은 전 세계적으로 남녀 수도회들 안에서도 고령화가 심각한 문제로 거론되고 있다. 프란치스코 교황은 노년은 질병이 아니라 특권이므로 교회는 노년이 주는 선물을 받아들여야 한다고 했다. 교회가 노인 신자들을 무시하면 거대하고도 계속 커나가는 큰 자원을 잃는 것이라고 강조했다.

한국교회 안에서도 노인들을 위한 여러 가지 교육 프로그램들이 실시되고 있다. 하지만 문제는 나이가 아니고, 나이와는 상관없이 정신이 노화되고 영혼이 위축되는 것이 문제인 것 같다. 노년기가 새로운 삶을 위한 기회이고, 그 어느 때보다도 철저하게 살아내야 할 때라고 말하지만 이를 위해서는 갖가지 어려움과 고통스런 모험까지도 감내해야 하기 때문에 그리 쉬운 일은 아니다. 그럼에도 불구하고 우리가 노년기를 잘 받아들이고 또한 잘 늙기 위해서는 몸과 마음, 정신과 영혼의 준비가 필요하다.

나는 독자들이 이 책을 통해 신앙의 빛 안에서 자신의 일생을 하느님의 선물로 받아들이고 감사하는 시간을 가질 수 있길 희망하면서 이 글을 쓰기 시작했다.

삶의 모든 것을 신앙의 빛 안에서 보고 받아들인다면 우리가 미처 깨닫지 못한 시련이나 고통의 의미를, 또한 하느님의 섭리와 사랑 안에서 우리 존재와 삶의 의미를 보다 깊이 깨달을 수 있게 되어 기쁜 마음으로 감사하며 노년기를 하느님께 봉헌할 수 있게 될 것이다. 믿음은 우리에게 오직 하느님만이 주실 수 있는 참평화와 기쁨을 준다. 믿는다는 것은 자기 삶의 중심에 사랑을 두는 것이므로 기쁜 마음으로 나날을 감사하면서 보다 긍정적인 자세로 삶을 받아들일 수 있게 하여 행복한 삶을 살다가 복된 죽음을 맞이하게 한다. 우리가 하느님의 축복과 사랑 속에서 사랑하며 행복하게 산다면 또한 우리는 다른 이들을 위한 축복이 될 수 있다.

노년학을 전공하지 않은 내가 이 책을 쓰는 것이 결코 쉽지 않았음을 고백한다. 시중에는 이미 노년에 관한 책들이 많고, 독자들 역시 많은 것을 익히 알고 있다고 생각되어 가능한 한 이론을 반복하고 싶지 않았지만 내 한계를 크게 벗어나지 못해 내내 아쉽고 안타까웠다. 하지만 여러 수녀님들, 특히 본당 수녀님들의 관심과 격려 속에서 많이 부족하나마 마칠 수 있게 되어 감사한다.

나는 이 책의 모든 말이 마치 나 자신을 위한 것으로 받아들여지면서 거듭 후회와 회심을 체험하는 시간이 되었고, 또한 글을 쓰는 동안 하느님의 사랑과 도움을 체험하며 감사하는 은총의 시간이었다. 나는 날마다 이 일이 오직 하느님께 영광과 찬미를 드릴 수 있고, 독자들에게는 삶과 신앙에 유익한 도움이 될 수 있도록 하느님께서 내 마음과 손과 함께하시어 도와주시기만을 간절히 청하고 기도했다.

그간 저에게 많은 격려와 용기를 주신 친지들과 수녀님들, 어려운 상황 속에서도 기꺼이 출판을 허락해 주신 예지출판사 김종욱님께 감사하며, 또한 글을 쓸 수 있는 시간을 허락하신 원장 수녀님께 감사드린다.

2021년 예수부활 대축일을 앞두고

정하돈 안나 마리아 수녀

"제가 무엇을 해야 영원한 생명을 받을 수 있습니까?"

(루카 10,25)

차례

제2부 새로운 삶을 위하여

제3부 삶의 완성

제1부

노년기를 맞으면서

1. 노년을 위한 마음준비

"모태에서부터 업혀 다니고 태중에서부터 안겨 다닌 자들아. 너희가 늙어 가도 나는 한결같다. 너희가 백발이 되어도 나는 너희를 지고 간다. 내가 만들었으니 내가 안고 간다. 내가 지고 가고 내가 구해 낸다." (이사 46,4).

이 말씀은 인간은 늙어가도 하느님은 변함없이 한결같은 아버지의 사랑으로 우리를 돌보시고 우리와 함께 계신다는 하느님의 언약이다.

나이 듦은 우리를 나 자신으로부터 해방시킬 수 있는 좋은 기회가 될 수 있다. 어떤 것을 이루려고 하기보다는 있는 그대로 시간의 흐름에 따라갈 때 갑자기 우리를 찾아오는 삶의 신비를 체험할 수 있다. **우리에게 일어나는 모든 일이 어떤 깨달음을 주기 위한 것이라고 생각하고 받아들이면 삶은 더욱 신비로울 수 있다.** 그래서 나이가 들어 갈수록 세월이 주는 삶의 지혜와 풍요를 체험하면서 기다림, 인내, 시간의 귀중함을 더 잘 이해할 수 있게 된다.

잘 살려면 유연한 삶을 살아야 한다. 날카로운 칼로 물을 자른다고 해서 물이 상처를 받거나 쪼개지지 않고 그냥 아래로 흐를 뿐이다. 물은 동그라미 속으로 들어가면 동그라미가 되고, 네모난 곳에 들어가면 네모가 되는 유연함을 지니고 있다. 우리도 물처럼 유연한 삶을 살도록 노력해야 한다. 노년에는 강직함, 똑똑함보다는 구부려져 있고, 힘이 없고, 굽히는 것처럼 보이는 유연한 삶이 필요하다. 모난 사람은 모난 대로, 동그라미 같은 사람은 동그라미대로 받아들이고, 생긴 그대로 품어 주는 사람이 되어야 한다. 끊임없이 아래로, 낮은 곳으로 흐르는 물이 될 때 결코 상처를 주거나 받는 일은 없다. 물론 이것이 힘든 일이긴 하지만 결국 물은 바다로 흘러들어가 바다와 하나가 된다. 바로 거기가 큰 평화를 누릴 수 있는 곳이며, 하느님이 나를 기다리고 계신 곳이기도 하다!

하느님과 함께 살 때 우리는 그분 안에서 생의 목적과 의미를 보다 더 깊이 이해할 수 있고 또한 삶의 신비를 체험할 수 있다. 노년에는 점점 더 깊은 고독 속으로 들어간다. 이 고독 속에서 하느님이 우리를 기다리고 계신다. 하지만 비록 삶이 부서지고 흐르던 강물이 멈춘 것처럼 느껴질지라도 새로운 희망을 향해 애써 절름거리면서라도 걸어가야 한다. 절면서 앞으로 나아가는 일은 무척이나 힘들고 고생스럽다. 목표를 향해 힘차게 나아갈 수 없고 잦은걸음으로 힘들게 내딛는 것이 얼마나 소중한지…. 비록 천천히 갈 수밖에 없지만 마음과 시선만은 현재에 묶어두지 않고 꾸준히 앞을 향해 한 걸음씩 가야 한다. 이처럼 노년기는 새로운 삶을 위해 그전보다 더 철저하게 살아내야 하는 때이다.

어렵고 힘든 시기에 우리는 하느님의 섭리, 뜻, 의미를 깨닫기는 힘들지만 그 시간이 지난 후에 비로소 그 안에 담겨진, 가려진 하느님의 사랑과 그 의미를 깨닫게 되는 경우가 많다. 필자는 **어려움을 겪을 때면 나에게 타이른다. '내가 지금 이 어려움을 견뎌내지 못한다면 다음에 오는 어려움도 견디지 못할 것이다! 이것은 하느님이 나의 성장을 위해 허락하신 것이고, 바로 이곳이 나를 위한 가장 좋은 수련장소다!'** 어려움을 극복한 삶은 우리를 하느님께로 더욱 가까이 인도해 준다. 고통 없는 부활이 없다는 것이 비록 아이러니하게 들릴지라도 고통이 크면 클수록 하느님의 은총도 크다는 것을 신앙인은 체험을 통해서 알고 있다. 그러므로 어려움을 없이 해 달라고 기도하기보다는 극복할 수 있는 힘과 지혜, 하느님의 도우심을 청해야 한다.

삶과 죽음은 하나이며, 고통과 아름다움은 하나다! 모든 만남과 사건들 안에서 하느님을 찾으며 신앙의 눈으로 볼 때 의미 없는 것이란 아무것도 없다. 우리가 어둠 속에서 빛을, 좌절과 실망 속에서 희망을, 죽음 속에서 생명을 찾을 수 있는 것은 오직 하느님께 대한 믿음 안에서만 가능하다. 가장 무서운 것은 삶의 가치를 잃어버리는 것이다. 삶의 가치를 잃은 사람, 곧 실존적 공허에 빠진 사람은 돈이나 권력, 또는 쾌락으로 공허함을 채우려고 한다. 그러나 삶의 가치와 의미를 분명히 아는 사람은 그 어떤 어려움도 극복할 수 있다. 모든 사람은 믿음과 불신, 생명과 죽음 사이에서 결단의 기로에 서 있다. 이는 미래가 아니라 지금 현재 내가 살고 있는 여기에서 해야 할 결단이다! 바닥을 알 수 없는 하느님의 사랑의 심연에 완전히 뛰어내리려면 용기가, 곧 결단이 필요하다. '지금 여기서' 내리는 결단으로 우리는 노년에 하느님의 사랑과 생명을 얻어 누릴 수 있다.

2. 노년기의 도전

"하늘 아래 모든 것에는 시기가 있고 모든 일에는 때가 있다.
태어날 때가 있고 죽을 때가 있으며
심을 때가 있고 심긴 것을 뽑을 때가 있다." (코헬 3,1-2)

인생은 구약의 코헬렛에서 말하고 있는 것처럼 생성과 사라짐의 과정 속에서 이루어지고 있다. 이 길은 우리 모두 가야 할, 하느님으로부터 모두 각자에게 주어진 길이다.

이 세상에서 변하지 않는 것은 거의 없다. 모든 것은 변하고, 비록 의식하지 못한다 하더라도 나 역시 서서히 변해 가고 있다. 나이 드는 것은 자연스러운 것, 노화됨에 따라오는 신체의 변화, 의식의 변화, 인식의 변화 등 자연스럽게 받아들이는 자세가 필요하다. 어느 날 거울에서 마주한 내 얼굴이 아주 낯설게 느껴지기도 하지만 변화를 받아들이면 진정한 나의 모습을 바라보게 되고 온전히 나를 받아들일 수 있게 된다.

'인간의 수명이 얼마나 되는가?' 하는 논의는 예로부터 있어왔다. 성경에는 수명이 120세까지(창세 6,3) 나오는데 현대 의학자들도 이와 비슷하게, 125세까지로 보고 있는 것 같다. 통계청에서도 현재 65세를 넘은 사람의 평균 수명이 91세라고 발표한 것을 보면, 인생 칠십은 옛말이고, 인생 백 세 시대가 온 것으로 보인다.

동양에서처럼 회갑 개념이 없는 서양에서는 대체로 노인의 기준을 75세로 보는 것 같다. 현재 한국사회도 60-70세가량을 젊은 노인으로, 71-85세를 중 고령 노인으로, 85세 이상을 고령 노인으로 각각 구분하고 있다.(참조 : 천주교 서울대교구 사목국 노인사목부, 우리, 노년의 삶을 이해합시다.) 한국 사회도 현재 외국처럼 점점 고령의 노인들로 고령화 세상이 되어가고 있다. 비록 사람만이 아니라 온 우주 만물, 동식물까지도 세월 따라 노화되기 마련, 모든 생명체의 노화현상은 자연스러운 것이고 피할 수 없다.

요즘 공허증에 걸리는 사람들이 점점 증가하고 있다고 한다. 공허증이란 갑자기 자신의 삶이 공허하게 느껴지고, 언제 곧 죽을지도 모른다는 두려움을 느끼게 되는 것이다. 이때 수반되는 증상이 가슴이 조여오거나 아프고, 현기증이 일어나는데 대개는 이를 대수롭지 않게 여기고 피곤, 과로, 스트레스 때문에 그런 증세가 일어나는 것으로 자가진단을 내리고 만다. 그런데 이런 증세가 노인에게서만이 아니라 30-40대 젊은이들에게도 많이 일어나고 있다 하니, 실로 충격적인 일이 아닐 수 없다. 이런 현상들을 감안한다면 인생의 위기는 언제라도 올 수 있는 것으로 보이지만, 특히 노년기는 다양한 긴장들이 더 깊고 빠르게 다가오며, 여러 변화들이 일어나는 때라는 것을 염두에 두어야 하겠다.

우리는 변한다. 육체적으로, 정신적으로, 심리적으로, 성격적으로 변한다. 늙어가면서 노화과정을 가속화시킬 수 있는 병에 걸릴 수도 있다. 사람에 따라 다소 차이는 있지만 중년 후반기부터 서서히 체력이 약해지거나 줄어드는 것을 느끼게 되면 이제 인생의 노년기로 접어들고 있다는 사실을 스스로 인식해야 한다. 아무리 노화현상을 더디 오게 애쓴다 할지라도 늙어가는 것을 막을 수는 없다! 노화는 갑자기 시작되지 않는다.

그러나 육체적 연령보다도 더 중요한 것은 정신적인 젊음이다. 유대계 미국 시인 **사무엘 울먼** 역시 일찍이 "청춘이란 인생의 어떤 기간이 아니라 마음가짐"이라 했다. 청춘이란 인생의 어느 한 시기가 아니다. 때로는 20세 청년보다도 70세 노년에게 청춘이 있을 수 있다. 나이를 더해가는 것만으로 사람은 늙지 않는다. 이상과 열정을 잃어버릴 때 비로소 늙는 것이다.

나이가 들수록 어떻게 살아야만 잘 늙을 수 있을까 하는 관심을 가지지 않는 사람이 있을까? "나이가 들지 않는 한 결코 현명해질 수 없다"는 말처럼 잘 늙는다는 것은 갑자기 어느 한순간의 노력만으로 이루어지는 것은 아니다. **나이 듦을 마치 작품처럼 깎고 다듬는 작업을 하지 않는다면, 내면에 있는 본질적인 아름다움을 드러내지 못할 것이고 완성될 수도 없다.** 그러므로 긴 시간과 인내, 끊임없는 자신과의 투쟁이 요구된다. 가정이나 공동체 안에서 살든 혹은 혼자 살든 간에 자신도 나이 들어가고 있다는 사실을 잊어서는 안 된다.

사람들은 가능한 한 늙어 감을 가속화시키는 일을 하지 않으려고 한다. 반면에 젊음을 유지하는 데 도움이 되는 운동, 일, 정신적, 문화적인 관심, 재교육 그리고 창조적인 일에 관심을 둔다. 노화에 대한 인간의 저항력은 앞으로도 계속 강해질 것이다. 그리

하면 장차 100세까지 병 없이 오래 사는 것이 그리 희귀한 현상이 되지 않을지도 모른다.

그러나 60대에 들어서면, 중년기와는 또 다른 위기의 아픔을 겪게 된다. 이는 흔히 질병이 생기거나, 퇴직한 후 새로운 생활양식에 적응하며 살아야 하는 충격으로부터 올 수 있다. 또한 나이가 들면서 죽음이 멀지 않을지도 모른다는 생각에 불안을 느낄 수 있다.

노년에 이르면 삶의 방식이 완전히 달라진다. 주된 일자리로부터 은퇴하여 직업에서 맛보던 성취감이나 긴장감이 사라지게 되고, 자녀들을 출가시키고 나면 자녀양육에 대한 책임감, 가사에 대한 부담도 사라지면서 몸과 마음의 자유를 느낄 수 있게 된다. 심신이 건강한 70대 노인들은 예전보다 더 바쁘게, 그리고 더 보람을 느끼면서 취미생활을 즐기고, 교회 안에서 여러 모임에 참석하면서 봉사활동에도 열심일 수 있다. 반면에 힘들어 하는 노인이 있는데, 할 일이 없어서 삶의 공허함을 느끼고, 세상으로부터 자신이 거부당하고 있다고 느낀다. 이런 이들은 사람들로부터 밀려난 것 같고, 인정받지 못하고, 자신의 가치를 알아주지 못한다고 생각하여 자신에게 분노하거나 불평을 드러내기도 한다.

퇴직 후에는 부부 사이에도 위기가 닥칠 수 있다. 남편이 직장 생활을 하는 동안은 별 어려움이 없었다. 각자 자기 생활리듬에 따라 살 수 있었고 아침에 출근하여 저녁이 되면 가족들과 다시 만나 짧은 시간을 함께 보냈었다. 그러나 이제 대부분의 시간을 집안에서 지내게 되면서부터 아내에게 사사건건 참견을 하게 되고, 종종 큰소리로 말다툼을 하거나 화를 쉽게 내게 되는 것을 가까운 가족, 친척, 친구들 사이에서 흔히 본다. 때로는 지난 일을 들추어내고, 오래전에 덮어두었던 상대방의 약점과 상처들을 되씹으면서 비난을 한다. 자식들은 부모의 이런 비난과 말다툼을 더는 듣고 싶지 않아서 부모를 자주 찾아 가지 않게 되고 부모는 점점 더 고독해진다. 그러면 부모는 자주 찾아오지 않는 자식들로부터 버림받았다고 느끼며 서러워하고 자기들은 이제 쓸모없는 사람이고 벌써 죽었어야 했다고 생각하는데, 이런 것들이 노인들에게 주어진 시련이다.

현대사회는 이제까지 왕성한 사회 활동과 역할을 하던 사람을 사회적으로 규정된 연령제한으로 갑자기 모든 사회적 역할에서 물러나게 하고 노인의 지위와 가치관을 받아들이도록 강요하고 있다. 젊은 사람들이 선뜻 나서지 않고 피하는 직종에서는 노인들이 그 역할을 수행하고 있기는 하지만, 젊은 연령층과의 가치관의 차이 때문에 사회적 역할 수행이 어렵고 힘들다. 그래서 많은 노인들이 사회적 불안감, 무의미감, 소원감을 가지고 의기소침하며 자존감을 잃어버리고, 스스로에 대해 쓸모없는 존재라고 한탄하고 불평을 한다.

수도원에서는 정년퇴직이 없다. 건강만 허락하면 자기가 할 수 있을 때까지 그리고 원할 때까지 일할 수 있다. 80세가 훨씬 넘은 수녀님들이 설거지를 도와주고, 주방에서 나물을 다듬고, 다정한 미소로 인사를 주고받고, 매일 성체 앞에서 고요히 기도하는 모습을 볼 때면 노인 수녀님들의 존재에 대해 고마움과 깊은 존경심을 갖게 된다. 노인 수녀님들이 이런 일들을 자원해서 하고 있기 때문이기도 하지만, 그들의 삶에서부터 풍기는 자유와 평화로움을 느낄 수 있기 때문이다.

우리 대구 수녀원에서 100세 생일을 지낸 후 선종하신 독일 수녀님이 한 분 계셨다. 수녀님은 6.25 전쟁 전 다른 선교사 신부 수녀들과 함께 5년간(1949-1954) 북한 강제수용소에서 고난의 시간을 보냈다. 생사를 함께 한 다른 모든 신부 수녀들은 이미 고인이 된 지 오래지만 이분만이 홀로 살아계셨다. 수녀님은 돌아가시기 수년 전에 이미 주변의 모든 것을 깨끗이 정리하고, 언제라도 하느님이 부르시면 기쁘게 떠날 준비를 하고 있다고 말씀하셨다. "오늘 밤에 하느님께로 갈지 모르지요! 내일 아침에 다시 일어날 수 있을지 아무도 모르지요!"라고 우리에게 자주 말씀하셨다. 몸이 마치 S자처럼 많이 굽어져서 보행기를 사용했던 수녀님은 새벽기도부터 저녁기도, 끝기도까지 언제나 수녀원의 모든 일정에 우리와 함께 하셨다. 귀가 어두워 거의 듣지 못했지만 휴게시간과 식사시간에도 꼭 함께 하셨다. 수녀님의 얼굴은 어린아이처럼 맑았고 항상 웃으셨다. 수녀님의 이런 모습을 볼 때면 우리는 그분의 깊은 내적 자유와 평화를 느낄 수 있었다. '나도 저 나이가 되면 저분처럼 자유로울 수 있을까?' 매일 노인 수녀님들의 모습을 가까이서 보면서 멀지 않은 훗날의 내 모습을 생각하고, 더욱 충실히 살고자 다짐하는 후배수녀들에게는 큰 축복이 아닐 수 없었다!

때로는 후배에게 자리를 물려줄 때가 되었는데도 노인이 된 선배가 알아차리지 못할 수도 있다. 알면서도 물러나기를 망설이거나 거부하는 것은, 혹 그로 인해 자신의 존재감이 작아지거나 없어질까 두렵기 때문일 수 있다. 인간은 본성적으로 크게 되고 높아지고 싶어 하며 낮은 자가 되기를 원하지 않는다. 그러므로 작은 자, 낮은 자가 되려면 하느님의 도우심과 은총이 필요하다!
누구나 노년기에는 현직에서부터 떠나야 하고, 특정한 책임을 맡은 일을 그만두게 된다. 책임을 맡을 때가 있으면 그 자리를 떠나야 할 때가 있고, 들어갈 때가 있으면 나와야 할 때가 있다는 것을 아는 것은 지혜다. 그동안 많은 대우를 받고, 인정받았던 사람은 더 힘들 수 있다. 그러나 오늘날 실직자들이 증가하고, 젊은 지식층의 사람들이 직장을 구하기 위해 줄줄이 기다리고 있는 우리네 현실 속에서 지금까지 지키고 있던 자리를 떠나는 것은 용기이고 지혜이다. 퇴임은 점점 더 빨라지고, 벌써 40대 후반이나 50대 초반에 본의 아닌 명퇴를 해야 하는 경우들이 많다. 아직도 열정이 한창인데 일찍이 젊은 노인이 되어 버려 삶의 용기를 잃고 실의에 빠지는 이들이 적지 않다. 그러면 안타깝게도 인생의 반을 마치 노인처럼 살아가야 하고, 예전에는 정년퇴임 후에야 겪게 될 해방감과 슬픔을 일찍 맞게 된다. 이때 경험하는 해방감이란 진정한 의미에서의 해방이 아니라 오히려 생에 대한 깊은 좌절과 갈등으로 인한 슬픔일 것이다.

노년기에 맞이하는 해방감은 부담스러운 일에서, 책임을 지는 것에서 자유로워졌기 때문이지만, 자리에서 물러남은 해방감과 더불어 슬픔과 아픔도 동반한다. 늘 결정을 내리는 위치에 있었던 사람이나 중책을 맡았던 사람들은 갑자기 할 일이 없어질 때 더 큰 어려움을 느낀다. 이전에 삶의 의미를 주었던 많은 것을 잃게 되면 제멋대로 살고 싶은 유혹에 빠질 수도 있고, 혹은 남은 삶에 목적이 없어 보이기 때문에 노력을 포기해 버리고 싶은 유혹에 빠질 수도 있다. 적절한 자극이나 동기가 없기에 때로는 자신감과 자존감, 그리고 품위까지도 잃을 수 있다.

우리는 종종 우리 주변에서 삶의 의지가 없는 노인들을 만난다. 잘 늙으려면 슬픔과 비통의 시간을 거쳐 내 안에서 새로운 것을 발견하도록 노력해야 한다.

자신의 삶이 가치가 있다고 생각하거나 어떤 목적의식을 갖는 것은 인간에게 근본적으로 중요하다. 봉사가 필요한 곳을 찾고, 작은 일이나마 기여할 수 있는 곳을 찾는 것은 노년의 삶을 보다 보람되게 살 수 있게 해 준다. 몸과 관절이 굳어지면 마음의 자세도 굳어지기 쉽다. 그래서 지금까지 해 오던 방식을 버리길 원치 않게 된다. 그러나 성숙한 사람은 정서적으로나 지적으로 유연성을 유지하면서 변화를 긍정적으로 수용하며 이해하고자 노력한다. **진정한 자아는 내적 생활을 꾸준히 함으로써 얻게 되고, 마음의 지혜는 지식보다는 인생의 모험과 절박함에서 무르익은 성숙에서 시작된다.**

노년은 내 삶을 만들어 갈 수 있고, 다시 시작할 수 있는 시간이다. 그러기에 우리는 타인의 시선에 구애받지 말고 내 인생은 내가 책임을 져야 한다.

그럼 나의 삶은 무슨 화려한 꽃을 꿈꾸고 있는가? 작은 꽃이라고 못 본 척 그냥 지나치면서 내 삶은 무슨 위대한 사랑을 품고 있는가? 놓쳐서는 안 될 것들이 내 생에서 하나둘 빠져나가 끝내는 소중한 것들을 다 놓치고 말 것이다. 그러니 이제는 놓치지 말고 내 가까이 있는 작은 것들 안에서 더 큰 것을 찾아야겠다. 오늘 하루가 축복임을 감사하면서!

3. 건강한 노년기를 위하여

함께하기

나이 들어가면서 우리는 새로운 도전을 받는다. **노년기에 가장 큰 문제로 부각되는 것은 외로움과 의사소통이다.** 따라서 다른 사람들과 함께 사는 방법을 새롭게 배워야 하고, 갈등을 해결하기 위해 현명한 방법을 찾도록 노력해야 한다. 그 방법이 현명하지 못하면 관계가 더 악화되기 때문이다.

늙음을 인정하고 수용하기 위해서는 무엇보다 겸손이 필요하다. 남을 존중하지 않는 것은 겸손과 친절의 결여이다. 서로 함께 어울려 살 수 있을 때 우리는 성장하고 성숙한다.

정원에는 다양한 종류의 꽃들이 서로 함께 어울려 살고 있다. 장미꽃처럼 화사해서 또는 그 향기가 매우 매혹적이어서 뭇사람들의 시선을 끄는 꽃이 있는가 하면, 자세히 들여다보아야만 다른 꽃들 사이에서 혹은 밑에서 피어 있는 앉은뱅이 꽃도 있고, 어떤 꽃은 가시가 잔뜩 돋아 있어서 사람들이 쉽게 근접할 수 없게 하는 꽃들도 있다. 이처럼 사람들이 함께 모여 살고 있는 곳에는 꽃들처럼 제각기 다른 모습, 향기, 색깔을 지니고 있다. '나'라는 꽃은 어떤 모습으로 향기와 색깔을 지니고 있을까?

노년에는 자신의 꽃을 끊임없이 더 예쁘게 피워서 사람들의 시선을 끌려고 애쓸 것이 아니라 오히려 그늘 아래서 혹은 주위의 매혹적인 향기에 가려져 선뜻 눈에 띄지 않는 작은 꽃들에게 시선을 두어야 한다. 그래서 자신이 꽃을 피워내고 향기를 내는 것으로 영광을 받을 것이 아니라 이제는 그 자리에서 죽고 거름이 되어 다른 이를 위해 필요한 거름이 되어야 한다. **이제부터는 꽃을 피워내는 것이 아니라 죽음으로써 그 향기와 꽃잎이 완전히 어우러져서 아름다운 만년을 이룩해야 할 때이다.**

톰 워삼의 "기러기 이야기"는 참으로 감동적이다. 먹이와 따뜻한 곳을 찾아 40,000km를 날아가는 기러기는 리더를 중심으로 V자 대형을 그리며 머나먼 여행을 한다. 가장 앞에 날아가는 리더의 날갯짓은 기류에 양력을 만들어 주어 뒤에 따라오는 동료 기러기가 혼자 날 때보다 70% 정도 쉽게 날 수 있도록 도와준다. 이들은 먼 길을 날아가는 동안 끊임없이 울음소리를 낸다. 그 울음소리는 앞에서 거센 바람을 가르며 날아가는 리더에게 보내는 응원의 소리이다. 기러기는 40,000km의 머나먼 길을 옆에서 함께 날갯짓을 하는 동료를 의지하며 날아간다. 만약 어느 기러기가 총에 맞았거나 아프거나 지쳐서 대열에서 이탈하게 되면, 다른 동료 기러기 두 마리도 함께 대열에서 이탈해 지친 동료가 원기를 회복해 다시 날 수 있을 때까지 또는 죽음으로 생을 마감할 때까지, 함께 지키다 무리로 다시 돌아온다고 한다.(조안 치티스터, 재속의 불씨, 114쪽.)

우리 역시 인생여정에서 때로는 폭풍이 불어오고 비바람이 몰아치는 험한 길을 가야 하고, 비록 힘들지라도 계속해서 그 길을 가야만 하지 않는가! 내 인생여정에서 항상 나와 함께 동행할 수 있는 친구를 가졌다면 그 얼마나 큰 축복일까!

흔히 다른 이들에게 봉사하는 사람들은 오히려 가장 가까운 이에게는 염려와 배려를 게을리할 위험이 있다. 먼 이웃에게 사랑을 실천하면서도 바로 옆에 있는 가까운 이들의 어려움과 필요는 깨닫지 못할 수 있다. 보다 더 많은 주의력과 존중, 가까이 다가감, 관심과 도움이 필요하다는 것을 잊어서는 안 된다. 나이와는 관계없이 다른 이가 나의 도움을 필요로 하는 것을 알게 될 때 나는 보다 더 풍요롭고 창조적일 수 있다. 우리는 모두 다른 이와 함께 나눌 수 있는 그 어떤 좋은 것을 가지고 있다. 서로 봉사하는 삶의 방식은 개인주의가 만연한 우리 사회에 좋은 본보기가 되고, 신앙의 구원하는 힘과 확신에 찬 힘을 느낄 수 있다. 서로가 서로에게 소중한 존재로 살아가고, 타인에게 소중한 사람이 되려면 먼저 타인을 소중히 생각하고 배려하는 마음이 있어야 한다.

장차 자신의 노년기를 어떤 삶의 방식으로 살아야 할지 생각하는 젊은이들이 많다. 노년기를 위해 선택하는 삶의 방식은 크게 두 가지다. 홀로 독자적으로 살고자 하는 것과 다른 이들과 함께 공동생활을 하면서 살고자 하는 것이다. 선택의 기준은 건강이다. 예전 같으면 자녀들이 부모를 보살펴 주었지만 요즘은 부모를 모시는 것이 자녀의 임무라고 생각하지 않는 경우가 많다. 무조건 독립을 주장하는 사람들도 있다. 정원을 좋아하기 때문에 다소 불편하더라도 단독주택에서 홀로 사는 사람들도 있다. 실버타운을 거부하고 자기가 좋아하는 음식을 손수 해먹는 것을 좋아하는 이들도 있다. 성격 때문에 실버타운, 양로원에는 가지 않으려고 하거나 갈 수 없다고 말하는 이들도 있다. 집단생활에 어울리지 못하면 따돌림을 당하는 수가 있다. 그래서 **공동생활은 노년에 새로운 도전이 될 수 있다. 남들과 어울리고 만나는 것을 무거운 짐으로 여기고 두려워한다면 타인은 내 불행의 원인이 될 수도 있다. 노년기는 친교를 향하여 가는 여정임을 잊지 말아야 한다.**

슬픔을 안고 살아가기

'나는 이제 삶의 계획이나 해야 할 일이 적어져서 행복하다. 나 자신을 증명해야 할 필요도 줄어들었다. 다른 이들이 조직하고 다스릴 수 있도록 그들에게 기회를 주었기에 행복하다!'고 말할 수 있는 노인은 행복하다. **노인은 이제 모든 것을 서서히 내려 놓아야 하거나 이런 상황을 받아들이고, 육체적인 한계가 늘어나고 있다는 사실을 인정해야 한다.** 그것은 개인적인 아픔과 상처를 받아들이며 자신과 화해해야 하는 것이기도 하다. 그러므로 우리는 슬픔과 상실을 안고 살아가는 법을 배워야 한다.

나이 때문에 후임자에게 책임 자리를 넘겨주게 되고, 자신이 해 오던 방식과 일을 후임자가 다른 방식으로 하게 되고, 결정을 내리는 것이 격하시키는 것으로 보여 괴로워할 수 있다는 것은 충분히 이해할 만하다. 그럼에도 불구하고 가정이나 직장에서 우리는 때때로 이러한 고통스런 과정을 겪어야만 한다. 그렇다고 목표를 달성하고 짐을 내려놓는 것이 아니다. 미완성인 채, 목표를 달성하지 못한 채, 아무 답도 구하지 못한 채 짐을 내려놓아야 할 때가 있다. 삶이 어제에 머물러 있어서는 안 되고 또한 모든 것이 옛것에 머물러서는 안 된다는 것을 깨닫기 때문이다. 하지만 우리는 내려놓는 것이 얼마나 큰 희생인가는 자신의 체험을 통

인생의 날 수를 스스로 결정할 수는 없지만
인생의 넓이와 길이는 마음대로 결정할 수 있다.

얼굴 모습을 스스로 결정할 수는 없지만
얼굴의 표정은 마음대로 결정할 수 있다.

그날의 날씨를 스스로 결정할 수는 없지만
영혼의 기상은 마음대로 결정할 수 있다.

자신의 힘으로 결정할 수 있는 일들을 감당하기도 바쁜데
어찌하여 결정할 수 없는 일들로 인해 걱정하며 슬퍼하고
있는가? (작자 미상)

해서 알고 있다.

노년에는 또 다른 형태의 슬픔을 겪게 된다. 기운이 다 빠지고 아프게 될 때, 더 이상 사람들에게 충고를 하지 못하게 될 때, 우정과 지지를 주지 못하게 될 때, 오히려 내가 다른 이의 도움을 필요로 해야만 될 때 이 슬픔을 경험한다. 나는 이런 슬픔과 걱정 때문에 마음속에 깊은 두려움을 느낀다고 고백하는 노인들을 종종 만났다. 변화가 일어난다는 사실을 부정함으로써 마음속에서 분노, 우울함, 걱정, 두려움이 생기고, 자신이 어디를 향해 가고 있는지 알지 못해 불안해하기도 한다. 하지만 노인은 변화하는 환경에 적응하고 새로운 삶을 시작하기 위해 부단히 노력해야만 한다. 변화 자체는 어쩔 수 없지만 이 변화에 대한 대처 방식은 자신이 선택할 수 있기 때문이다.

나이가 드는 것은 슬픔과 상실의 아픔을 견뎌내고 피눈물 나는 자신과의 투쟁과 인내를 요구하는 힘겹고 고통스런 길이 아닐 수 없다. 이 모든 슬픔은 우리가 더 온전히 우리 자신이 되기 위해서 견뎌내야 하는 것이다.

자기 자신을 있는 그대로 받아들이기

내면으로 들어가 스스로를 바라보라.
그곳에서 아름다운 자기 자신을 발견하지 못했다면
뻬어난 조각상을 만드는 조각가처럼 움직이라.
그는 이곳을 깎고, 저곳을 고르고,
이 선을 부드럽게, 저 선을 깨끗하게 다듬어
자기 작품에 사랑스러운 얼굴을 새긴다.
그러니 우리도 그리하자.
— 플로티누스 (고대 이집트 철학자)

자신을 있는 그대로 받아들인다는 것은 말처럼 그리 쉬운 일이 아니다. 삶을 제대로 살아내지 못했다고 생각하는 사람은 자신뿐 아니라 삶 전부를 받아들이지 못해 미련과 후회가 많다. 반면에 **자기 자신을 있는 그대로 받아들이며 긍정하는 사람은 자신과 자기 삶의 진정한 의미를 발견할 수 있고, 타인에게도 긍정적이고 너그러울 수 있다.** 보다 내면으로 들어가서 스스로를 바라보며 아름다운 조각상을 만드는 조각가처럼 이곳저곳을 깎고 고르면서 자기 작품에 사랑스러운 얼굴을 새기도록 노력한다면 아름다운 자기 자신을 발견하게 될 것이다.

노화로 인한 쇠퇴를 거부하며 자신이 늙어가고 있다는 사실 자체를 인정하지 않으려고 하는 이들이 있다. 이들은 이제까지 해오던 생활패턴을 그대로 유지하고 오히려 더 열심히 적극적으로 모든 일을 처리하고 다방면으로 관심과 활동영역을 넓히고 매사에 지나친 열정을 가지고 참여한다. 이들은 주인공 자리를 절대 내놓지 않으며 젊은이들과 경쟁의식을 가지고 아직도 자신이 젊은이 못지않은 능력을 가지고 있다고 생각한다. 하지만 물러날 때를 알고 물러날 수 있는 용기와 지혜야말로 경쟁에서 이기는 것임을 미처 알지 못한다. 노화현상을 인정하고 수용하지만 때로는 자신이 늙어가고 있다는 사실을 부끄럽게 여겨 접촉을 의도적으로 피하는 이들도 있다. 자신의 늙어가는 모습을 다른 사람에게 보이고 싶지 않기 때문이다.

그렇다고 해서 모든 노인들이 부정적으로 노년기를 보내는 것은 아니다. 실제로는 신체적, 정신적으로 건강하게 노후를 보내는 노인들이 더 많다. 삶 자체를 선물이며 은총이라고 생각하며 자신이 가지고 있는 것들을 아낌없이 나누면서 행복하게 사는 노인들도 있다. 그리고 외부활동을 많이 하지 않는 것처럼 보이지만 질적으로 더욱 충실하게 사는 노인들도 있다. 이들은 스스로 물러날 때를 알고 포기하고 내어주며 평화로이 노후의 휴식과 사색을 즐긴다. 떠오르는 태양처럼 강렬한 역동성을 주지는 않지만, 결코 화려하거나 튀지 않으면서도 마지막까지 하늘을 아름답게 물들이는 힘을 발휘하는 저녁노을과 같은 노년기를 보내고 있는 성숙한 노인들도 있다. 저녁노을로 물드는 하늘이 가장 아름답다고 하지 않는가!

다른 사람을 있는 그대로 받아들이기

우리가 함께 일하거나 살고 있는 직장, 가정 혹은 공동체 안에서 화기애애한 분위기를 만들고 싶어 애쓰다가 어떤 때 의식적으로 혹은 무의식적으로 함께하는 사람을 자기 방식으로 변화시키려고 하면서 특별한 관심을 보일 때가 있다.

이럴 때는 상대방의 마음을 다치지 않고 자신의 생각, 느낌을
표현할 수 있도록 세심한 배려와 지혜가 필요하다. 상대를 교육
시키려 하거나 변화시키려 하는 시도는 성공할 여지가 거의 없
다. 왜냐하면 노인은 특히 누구에게서 가르침을 받고 교육을 받
는 것을 좋아하지 않기 때문이다. 방해를 주고받는 상황에서는
언제나 양자가 승리할 수 있는 길을 찾아야만 효과가 있다. **나는
다른 사람을 변화시킬 수 없고, 내가 그와 함께 하기를 배워야 한
다는 것을 깨닫는다면 이미 노년의 삶을 잘 준비하고 있다고 하
겠다.** 나이와 상관없이 새로운 것을 받아들이려 하고, 힘든 상황
들까지도 견뎌내려고 노력한다면, 그리고 언제나 배우고자 하는
마음을 가지고 있는 동안에는 젊게 살 수 있다.

큰 산을 멀리서 보면 작은 동산처럼 보일 수 있다. 그러나 가까
이서 보면 태산이다. 즉 어떤 거리에서 그 산을 보는가에 따라서
그 산이 크게 혹은 작게 보인다. 내 시야에 따라 그렇게 보이는 것
이다. 그러므로 내 시선에 따라, 각도에 따라 얼마나 다르게 보이
는지를 알아야 한다. 얼마나 자주 우리는 내 눈에 보이는 사람, 일,
사물을 가장 옳고 좋은 것으로 생각하고 말하는가.
하느님은 **"나는 사람들처럼 보지 않는다. 사람들은 눈에 들어**

오는 대로 보지만 주님은 마음을 본다.”(1사무 16,7)고 하신다.
우리의 말과 행동이 사람들에게서 오해나 편견을 받게 될 때 마음을 보신다는 주님의 이 말씀은 우리에게 큰 위로가 될 것이다.

다른 사람과 다르다는 것은 가정이든 수도원이든, 사람들이 함께 살고 있는 곳이라면 어디서나 갈등과 어려움을 유발시킬 수 있지만, 다른 한편 개인이나 공동체를 더욱 성숙하게 만들기도 한다. 우리는 남에게 혹은 공동체에게 자기 나름대로의 좋은 것을 줄 수 있는 것을 가지고 있다. 그러므로 **너는 나일 필요가 없고, 나여서도 안 된다. 너는 너이어야 하고, 너일 수 있어야 한다!**

만약에 우리 모두가 똑같은 성격이나 모습을 가지고 있다면 이 세상은 그 얼마나 재미없고 지루할까! 다른 모습과 색깔을 지닌 조각들이 한데 어울려 아름다운 모자이크 작품을 만들어 내듯이 우리도 이렇게 서로의 다름을 인정하고 어울려 살 때 살맛나는 세상, 공동체가 되지 않을까! **'다름'은 '틀림'이 아니고, 축복이다!**
어떤 일이 자신의 기대나 상상과는 전혀 다른 방향으로 갈 때 자기주장을 끝내 버리지 않고 고집을 부리거나, 인내심을 잃고 성급하게 화를 내는 사람들이 적지 않다. 만약에 자신의 한계와 약점들을 알고 인정할 줄 안다면 다른 이의 한계와 약점들도 어렵지 않게 보듬어 줄 수 있을 것이다.

서로가 서로를 알아간다는 것은 상대방을 이해하면서 너그러이 바라보고, 거짓 없는 마음과 행동으로 자연스럽게 상대방의 마음을 읽으며 포용하고, 부족함과 모자람을 질타하며 등을 돌리지 않고 사랑으로 인내하면서 한 단계 한 단계 배우고 익히며 키워가는 것이 아닐까!

다른 사람의 말을 경청하기

다른 사람의 말이나 판단에 크게 흔들리거나 마음의 상처를 받지 않고, 비록 힘든 상황 속에서라도 꿋꿋이 견디며 평화와 안정을 잃지 않도록 노력한다면 우리는 잘 늙을 수 있다. 비록 고령의 노인이라 할지라도 자존감을 가지고 있다면 보다 더 쉽게 살 수 있다. 물론 그것은 자기 생각과 판단만이 옳다고 주장하는 완고함이나 고집스러움을 말하는 것이 아니다. 다른 사람이 나를 보고 아는 것과 내가 나 자신을 보고 아는 것에는 큰 차이가 있을 수 있고, 또는 전혀 다를 수도 있다. 나의 태도가 어떤 사람을 혹은 공동체를 방해한다고 해서 그것이 그리 큰 사고는 아니다. 다른 이들과 함께 살면 살수록 나 역시 내 말과 행동으로, 때로는 부정적인 침묵으로도 분위기를 무겁게 만들거나 방해할 수도 있다. 그러나 이러저러한 불합리한 상황들까지도 인내하며 자신의 성장과 성숙을 위한 계기로 삼으려 노력한다면 다른 이의 충고까지도 경청하고 받아들일 수 있을 것이다.

　젊은 시절에서 비롯된 잘못된 습관으로 노인은 상대방이 이야기를 해도 그 이야기에 열중하지 않고 남의 이야기를 끝까지 듣지 않는 경향이 있다. 상대방의 이야기를 다 듣지 않고 끝나기도 전에 자기 생각을 이야기하려 하거나 상대방의 이야기는 무시하고 무조건 자기 이야기만 하려고 한다. 그러면 대화는 끊기고 때로는 다툼이 있다. 특히 노인은 말을 할 때 반복하는 습관이 있다. 자신은 중요하다고 생각해서 반복하겠지만 듣는 사람은 지루하게 느끼는 때가 많다. 나이든 사람도 젊은이에게 배울 것이 많기 때문에 젊은 사람의 이야기에도 귀 기울일 줄 아는 아량이 있어야 한다. 노인에게 자기 말을 좀 들어달라고 하면 충고와 조언, 설교를 시작하고, 문제를 해결해 주어야 한다고 생각하거나 그런 식으로 생각하거나 느껴서는 안 되는지에 대해 말하려 한다. 그러면 상대방은 자기가 무엇을 기대하는지 이해받지 못하고 무시당하는 것으로 생각한다. 그냥 귀 기울여 듣기만 하면 된다. 정말 말을 해야겠다면 차례가 될 때까지 잠시 기다렸다가 상대방이 말을 다한 다음 자기 말을 하면 좋을 것이다.

　“모든 사람이 듣기는 빨리 하되, 말하기는 더디 하고

분노하기도 더디 해야 한다." (야고 1,19)

노년에는 말하기보다 듣는 것을 몇 배로 늘려야 한다. 한 시간을 말했다면 이젠 세 시간을 들어야 할 때이다. 그래서 그 말하는 열정과 힘으로 이제는 사물과 사람들을 통해서 하느님이 무엇을 말씀하시는지 귀 기울여 들어야 한다. 이젠 밖으로 향한 열정이 아니라 내면 안으로 더욱 깊이 들어가서 잘 들어야 한다. 귀 기울여 들음은 사물들 앞에서 그리고 형제들 앞에서 무릎을 꿇듯이 낮은 자세로 듣는 것을 의미한다. 명령하거나 말하는 사람은 서 있는 자세, 높은 자세를 취한다. 그러나 듣는 사람은 엎드려 있고, 고개를 숙이고서 듣는 자세를 취한다. 그래서 밖으로 향하던 열정이 이제는 들음으로 바뀐다.

개인의 특권을 지나치게 요구하지 않기

고령의 노인들로 구성된 가족이나 공동체는 한 공동체로서 모두 함께 도전을 받게 된다. 늙음은 늙어가면서 배우게 된다. 예전에 자신이 가졌던 특별한 위치나 권위를 계속해서 요구하거나 사람들에게 기대하지 않는다면 함께 사는 것은 보다 쉬워진다. 그러나 그것은 말처럼 쉬운 일은 아니다.

당신께 제 말 좀 들어달라고 하면 당신은 충고와 조언을 시작합니다.

그건 제가 부탁한 것이 아닙니다.

당신께 제 말 좀 들어달라고 하면 당신은 설교를 시작합니다.

왜 내가 그런 식으로 생각하거나 느껴서는 안 되는지에 대해서 말입니다.

제 느낌을 무시하시는 거지요.

당신께 제 말 좀 들어달라고 하면

당신은 제 문제를 당신이 꼭 해결해 주어야 한다고 느끼시는 것 같습니다.

그건 제가 무엇을 기대하는지 이해하지 못하신 겁니다.

왜 어떤 이들에게는 기도가 그렇게 효과가 있는지…

아마도 하느님은 말을 못 하는 벙어리이시기 때문에,

그래서 충고를 하거나 상황을 바꿔보려고 말하지 않기 때문일 겁니다.

그분은 그저 들으십니다.

그리고 우리가 스스로 해 내시리라는 것을 믿으십니다.

제발 그냥 들어만 주십시오.

귀 기울여 듣기만 하면 됩니다.

당신이 정말 말을 해야 하시겠다면

당신의 차례가 될 때까지 잠시만 기다리세요.

약속합니다.

제가 하고 싶은 말을 다한 다음, 그때는 당신이 하는 말을 듣겠다고.

(작자 미상)

직장이나 전문분야에서 중요한 역할을 하고 특별한 위치에 있었던 사람은 나름대로의 특권을 가지고 있었기 때문에 예전의 자신의 위치, 대우, 인정, 명예를 내려놓는 것이 더 어렵고 고통스러울 수 있다.

어느 날 나이 때문에 혹은 병 때문에 직장, 직책, 계획, 과제, 활동을 떠나야 했을 때 더불어 그가 가지고 있던 특권이나 이득까지도 포기해야만 했다. 이런 것은 우리에게서 "가져갔을 때" 비로소 깨닫게 된다. 젊은이는 노인이 어떤 특별한 것을 요구할 때 비록 그것이 타당한 것으로 여겨지지 않는다 할지라도 곧바로 충고를 해서는 안 된다. 노인은 헌신적인 투신, 사명감, 의무감에 대한 말을 자주 들어 왔다. 그러나 자신이 소유하고 있던 것들을 모두 놓아버리고 평범한 인간으로서 생존한다는 것이 얼마나 고통스럽고 어려운 것인지를 생각하면서 말하는 이는 그리 많지 않다. 자신이 하고 있는 일이나 활동 안에서 삶의 의미를 두고서 오로지 그 일을 위해서 살아왔다면 이제 그 일을 그만두게 되었다는 것은 어떤 의미에서 모든 것을 잃어버린 것이나 마찬가지이기 때문이다. 뿐만 아니라 잃어버린다는 것은 종종 자유의 공간이 줄어들거나 아예 없어지는 것일 수 있고, 또 다른 이들의 지시와 간섭을 받게 되는 것이기도 하다.

노인은 어쩌면 새로운 환경조건 안에서, 작은 가정 공동체 안에서조차 자기 자리를 새로이 찾아야 하고 가족과도 예전보다는 더 친밀한 관계를 가지고 함께 살아가야 한다. 또 자신의 한계를 인정하고 다른 이의 도움과 배려가 필요할 때는 청할 수 있는 겸손이 필요하다.

때로는 침묵하기

대구에 머물다 서울에 가면 나는 가장 복잡한 거리를 걸어 명동성당에 갈 기회가 있다. 오가는 사람들 속에서 이리저리 떠밀리고 부딪치는 바람에 똑바로 걷지도 못하지만 좁은 길거리에서 물건을 사라고 외치는 고함소리와 귀청이 떠나갈 듯 울리는 노래소리는 참으로 견디기 힘들다. 버스나 전철 안에서는 아이건 어른이건, 젊은이건 노인이건 할 것 없이 휴대폰을 들고서 큰 소리로 이야기를 한다. 옆 사람이 듣지 않아도 될 내용을 큰 소리로 말하면 민망스럽기도 하지만, 더더구나 앉자마자 시작한 전화가 자리를 뜨기까지 계속하고 있으면 곁에 있는 것이 큰 고역이 아닐 수 없다. 그러면 혼자서 조용히 침묵하며 생각하거나 묵주기도라도 하는데, 이것도 힘들다.

침묵은 조용하지만 가장 강력한 실존방식이다. 침묵은 자기

만남의 길이다. 자기 마음속에서 진실을 발견하는 길이다. 이는 외적인 침묵만이 아니라 마음의 침묵이다. 그러나 마음의 침묵은 외적인 침묵으로 인도한다. 침묵은 끊임없이 골몰하는 생각과 원의로부터 떠나는 것이기도 하다. 자기 만남과 떠남의 침묵은 하느님께로 가는 일치에 필요한 걸음이다. 그러므로 온유한 침묵, 연민이 가득한 침묵, 깊은 침묵이 우리의 마음과 정신과 영혼에 흐르게 해야 한다. 비판과 불평은 겸손하지 않다는 표시이다. 우리 안에서 일어나는 비판, 판단, 불평들은 거울에 비쳐지는 자신의 얼굴이다. 자신의 내적 평안을 유지하는 길은 남을 판단하지 않는 것이다. 침묵은 단지 언어의 포기가 아니라 말을 잘 하기 위한 조건이다. 말이 끝나면 침묵이 시작된다고 생각하는 것은 그릇된 생각이다. 침묵은 무수한 언어를 지니고 있기 때문이다. 언어가 우리를 위해 있듯이 침묵도 우리를 위해 필요한 것이다. 우리는 침묵 안에서 비로소 말하기 시작하고, 침묵 안에서 무언의 명료한 의미를 알아듣게 된다. **침묵은 우주의 언어이다.**

노인이 되면 여러 면에서 외적인 한계를 체험하게 되는데 이는 언제나 내면의 새로운 능력을 발견하는 기회가 된다. 항상 외부활동을 하던 사람이 조용한 삶을 살게 되면 정신적인 도전을 받게 된다. 하지만 밖으로 향하던 문이 닫히면 내면으로 향하게 된다. 활동적인 사람에게 가장 필요한 것은 혼자만의 시간이다.

홀로 조용히 앉아 침묵 중에 자기 영혼 안에서 들려오는 내면의 소리를 들으며 자신의 외로움과도 화해하는 법을 배우게 된다. **침묵은 마음을 다스리는 것이다.** 침묵은 말도, 생각도, 행동도 그치고 지금까지 분주하게 추구했던 것으로부터 자유로워지는 것이다.

베네딕도 16세 교황은 홍보주일 담화에서 '침묵은 커뮤니케이션의 필수 요소'라고 하면서 이같이 역설했다. "침묵이 없으면 말에 알찬 내용을 담을 수 없다. 침묵 속에서, 우리는 서로를 더 잘 듣고 이해하게 되며, 생각이 떠오르고 깊어진다. 또한 우리가 말하고자 하는 것과 다른 사람에게 듣고 싶은 것을 더 분명히 알게 되고, 우리 자신을 표현하는 방법도 선택하게 된다. 침묵은 다른 사람이 말하고 의사를 표현할 수 있게 한다. 또한 그렇게 하여 우리는 자기 말과 생각에만 얽매이지 않고 다른 사람의 의견과 적절히 견주어 보게 된다. 이를 통하여 상호 경청을 위한 자리가 마련되고 더 깊은 인간관계가 이루어질 수 있다. 사랑하는 사람들은 침묵 속에서 참다운 대화를 나누곤 한다. 그들은 몸짓, 표정, 신체 언어와 같은 표시로 서로의 뜻을 나타낸다. 기쁨과 근심과 고통은 모두 침묵 속에서 전달될 수 있다. 실제로 침묵은 그러한 감정을 매우 강력하게 표현하도록 해 준다." (교황 베네딕도 16세, 홍보주일 담화문. 2012. 5. 20.)

또한 교황은 우리 시대에 인터넷이 점점 더 묻고 답하는 자리가 되어 가고 있으므로 참으로 중요한 물음을 인식하고 거기에 초점을 맞추려면 침묵이 매우 소중하다고 강조했다. "침묵은 우리가 받은 수많은 자극과 정보들 사이에서 올바른 식별을 할 수 있게 해 준다. 그러나 복잡하고 다양한 커뮤니케이션 세계 속에서, 많은 사람들은 인간 실존에 대한 궁극적인 물음에 부딪치고 있다. 나는 누구인가? 나는 무엇을 알 수 있는가? 나는 무엇을 위하여 하는가? 나는 무엇을 바랄 수 있는가? 이러한 물음을 던지는 이들을 받아들여 서로 말을 나누며 성찰과 침묵으로 깊은 대화의 가능성을 여는 것이 중요하다. 성찰과 침묵은 흔히 성급한 응답보다 더 큰 설득력을 지니고, 답을 찾는 사람들이 자신의 가장 깊은 내면으로 들어가, 하느님께서 인간의 마음에 새겨 두신 진리의 길을 따라가게 한다." (교황 베네딕도 16세, 홍보주일 담화문. 2012. 5. 20.)

침묵은 무엇보다도 하느님과의 만남을 위해서, 하느님의 말씀을 잘 경청하기 위해 필요하다. 성경에 계시된 하느님께서도 말없이 말씀하신다. 어두운 순간 안에서 하느님께서는 당신 침묵의 신비로써 말씀하신다. "하느님께서 침묵 속에서 우리에게 말씀하신다면, 우리도 침묵 속에서 하느님과 말씀을 나누고 그분에 대하여 말할 수 있다. 우리가 하느님의 위대하심을 말할 때, 우리 인간의 언어는 언제나 부족하므로 침묵 속에 관상의 자리를 마련해야 한다." (교황 베네딕도 16세, 홍보주일 담화문. 2012. 5. 20.)

하느님의 일은 인간의 말로 설명할 수 없다. 말은 종종 오해만을 불러일으킬 뿐 침묵만이 하느님의 일을 대변할 수 있다. 이해할 수 없는 일일수록 우리는 침묵 속에서 하느님의 뜻을 헤아리고, 자신에게 일어난 일을 하느님 안에서 조용히 해석해야 한다. 이런 침묵을 하면 반드시 하느님의 뜻이 드러나는 결실이 있다.

야망과 자아의 욕구 너머에 있는 우리의 본질을 발견하려면 우선 침묵할 줄 알아야 한다. 내면으로 들어가야만 자신의 참된 얼굴을 발견할 수 있다. 내면으로 들어가기 위해서 그리고 평안과 위안을 찾고자 하면 침묵해야 한다.

프란치스코 교황은 오늘날의 상황들을 열거하면서 조용히 혼자서 침묵하는 공간의 필요성을 역설한다. "최신 기술 수단의 지속적 혁신, 여행의 매력, 수많은 소비재는 하느님의 목소리가 울려 퍼질 만한 빈 공간을 남겨 두지 않습니다. 수많은 말과 피상적인 재미, 점점 더 빨리 커져 가는 소음으로 가득 차 있습니다. 거기에는 기쁨이 아니라, 삶의 의미를 잃어버린 이들의 불만이 흘러넘치고 있습니다. 따라서 하느님과 진실한 대화를 나누는 인격적 공간을 회복하려면, 이 광란의 질주를 멈출 필요가 있음을 우리가 어찌 깨닫지 않을 수 있겠습니까? 이러한 공간을 찾는 일은 때로는 고통스럽지만 언제나 보람이 있습니다. 우리는 참된 자아를 만나고 주님께서 들어오시게 해야 할 것입니다." (프란치스코 교황 문헌 교황 권고, 기뻐하고 즐거워하라, 29항)

고요한 마음갖기

고요는 침묵과 다르다. 침묵은 고요해지기 위해서 말하기를 멈추는 것이다. 그러나 말을 하지 않는다고 해서 침묵하고 고요한 것은 아니다. 비록 말을 하지 않고 입을 다물고 있다 할지라도 마음속에서는 많은 생각, 두려움, 걱정들로 인해 시끄러울 수 있기 때문이다. 고요는 소음이나 말이 없는 상태만이 아니다. 그러나 이런 잡념들을 떨쳐버리고 침묵 속에서 귀 기울이고 있으면 고요를 듣는다.

실재하는 고요를 들으려면 침묵해야 한다. 고요 안에서 내 존재의 신비를 체험한다. 자아는 늘 분주하고 시끄럽다. 자아는 끊임없이 자기를 내세우고 나타내고 말하고 싶어 한다. **고요는 순수한 현존이다. 고요는 침묵함으로써 자신 안에서 일어나는 모든 감정, 욕구, 원의, 생각들을 차분히 가라앉히고 정리하게 한다.** 마치 흙탕물이 가라앉듯이 고요 속에 내 모든 생각과 감정이

차분히 가라앉기 시작하면 고요 안에서 사물의 본질이 드러나는 것처럼.

많은 물고기들을 보기 위해서는 물이 고요히 가라앉아야 되고 또 물이 고요히 가라앉으면 물속이 맑아져서 그 물속에서 노니는 물고기들을 잘 볼 수 있게 된다. 이와 같이 우리 마음속에서도 우리의 모든 감정들과 욕망들이 깊이 가라앉을 때 우리 안에 있는 그 맑음을 통해서 사람들이 우리를 볼 수 있게 된다.

욕망과 감정이 마구 일어날 때는 사람들이 욕망과 그 감정을 볼 뿐 우리 안에 하느님이 계심을 볼 수 없다. 자기 자신과 일치하여 살려면 침묵과 고요 속에 머물러야 한다. **침묵과 고요 속에서 자기 자신과 일치하여 사는 사람에게서는 평화와 고요가 흘러나오고, 다른 사람들도 그 평화와 고요를 느낄 수 있다.**

고독과 함께하기

인간은 외로운 존재이다. 행복하다고 생각하면서 사는 사람도 종종 혼자임을 자각하며 외로움을 느낀다. 사랑하는 사람과 함께 있는 순간에서조차 때로 외로움을 느낀다고 말하는 이들이 있다.

더욱이 노인들은 나이가 들어가면서 가장 견디기 힘든 괴로움이 고독이라고 한다. 사랑하는 남편이나 아내를 먼저 떠나보내고 홀로 남으면, 부모 곁을 떠나간 자녀들은 바빠서 점점 발길이 뜸해지고, 가까운 친구들도 하나둘씩 저세상으로 가고 나면 그 외로움과 고독은 더욱더 깊고, 괴롭고, 아픈 것이다. 실제로 자신이 노인이 되어 이를 경험해 보아야만 고독이 그처럼 견디기 힘들고 괴로운 것인지 이해하게 될 것이다. 그래서 누구나 노인이면 겪어야 할 이 고독을 슬기롭게 대처할 수 있다면 노년의 어려움은 어느 정도 해결할 수 있을 것이다.

나는 독일에서 공부할 때 프란치스코회 수녀들이 일하고 있는 양로원의 지붕 아래 다락방에서 4년간 살았다. 양로원의 노인들은 매일 문간에 와서 편지나 소포가 왔는지 기웃거렸다. 특히 부활절, 성탄절, 생일이 다가올 때면 노인들의 기다림은 더욱 간절했다. 이런 축일에 아무도 찾아오지 않거나 선물 소포꾸러미가 오지 않으면 아이처럼 소리 내어 우는 노인들, 이제는 영영 가족들과 친지들로부터 잊혀진 존재, 쓸모없는 존재라고 푸념하며 식사조차 하지 않고 자기 방에서 눈물만 흘리면서 지내는 이들이 있었다. 그런 노인을 볼 때 나는 종종 말없이 그들의 손을 잡아주거나 어깨에 손을 얹고서 다독거려 주었다. 단 한 마디 말도 없이 그저 함께 있어주기만 했는데도 그들은 위로를 받았다.

노년에는 그간 외부로 향했던 시선을 내면으로 향하게 되면서 침묵과 고요 속에 잠기게 되고, 침묵과 고요, 외로움과 고독이 깊어지면서 일상이 되어 버려 이를 부정하거나 피할 수가 없다. 고독의 참의미를 깨닫고 받아들이기까지는 긴 시간과 인내가 필요하지만 고독이 큰 축복임을 알게 되는 순간에는 스스로 고독을 위한 시간과 공간을 마련하게 된다. **고독은 나 자신을 만나기 위하여, 나 자신과 함께 있기 위해 있는 것이다.** 그래서 고독은 자기 자신과 만나게 하고, 나아가서는 영적 생활에 도움을 주고 성장을 촉진시킨다.

고독은 영혼을 위해 스스로 찾고 선택하는 것이기 때문에 외로움이나 소외와는 다르다. 다른 사람과 쉽게 접촉할 수도 있지만 혼자만의 시간을 갖기 위해서 바깥세상과의 접촉을 피하고, 주변에서 일어나는 일에 관심을 갖는 대신 내면에 집중하는 것이다. 반면에 소외는 자신의 의지와는 관계없이 바깥세상과 강제로 차단되고, 주변 세상에서 분리되거나 멀어지는 것이다.

노인뿐 아니라 우리 모두는 자신을 깊이 만나고, 하느님을 만나기 위해 홀로 있음, 고독이 삶 속에서 습관화되도록 노력할 필요가 있다. 젊었을 때부터 혼자만의 시간과 공간을 갖고자 노력한 사람은 노인이 되어서 고독하다고 푸념하지 않을 것이고 오히려 고독의 시간을 은총의 시간으로 여기게 될 것이다. 항상 사람들과 함께 있어야만 하는 사람은 다른 사람들이 자기를 필요로 한다면서 자신을 합리화시킨다. 그러나 고독의 순간이 없다면 자기 자신을 다른 이에게 내어주기 힘들다. **고독은 자기 자신과 친해지는 시간이고 자아인식을 위한 유일한 근원이기 때문이다.**

고독은 우리를 소음과 혼란이 없는 세상으로, 복잡한 인간관계가 없는 세상으로 이끌어 준다. 바깥세상의 온갖 소음과 소란이 침묵하고 고요해질 때 비로소 우리는 자신과 홀로 있게 된다. 그런 시간이 비록 잠깐일지라도 그저 존재하는 것만으로도 유익하다. **고독 속에서 내면의 소리를 위협하는 소음들이 가라앉으면 우리가 진정으로 생각하고, 바라고, 말하려고 하는 것이 무엇인지 알게 된다.**

고독 속에서 혼자 괴로워하거나 우는 가운데서도 하느님이 가까이 계신다는 것을 생각하면 희망과 위로가 된다. 아무리 외로워도 하느님이 가까이 계시니 결코 홀로 있는 것이 아니다. 하느님의 현존을 굳게 믿으면 믿을수록 외로움을 잘 견딜 수 있다. 고요한 내면의 공간과 접할 때 우리가 찾고 있는 고향을 바로 자기 자신에게서 찾을 수 있다. 그러니 우리가 하느님과 자기 자신을 만나기 위해서 어디론가 멀리 갈 필요가 없다. 바로 하느님에게서, 자기 자신에게서 고향을 찾아야 하고, 또한 찾을 수 있을 때 고독은 변한다. 즉 우리 내면의 공간에서 고향을 찾으면 고독은 변한다. 하느님은 항상 우리 안에, 우리 가까이 계신다는 것을 알아차리게 된다.

노년의 고독은 오늘날 고층 아파트 건물로 둘러싸인 도시에서 많다. 누구도 노인을 따돌린 일이 없을지라도 노인 스스로가 그렇게 생각하고 주춤한다. 노인이 되면 외롭고 예민하다. 노인의 고독은 농촌에서 홀로 있을 때보다 오히려 도시 한가운데서, 아들 손자와 함께 가까이 살아가면서도 있을 수 있다. 그러니 노인의 중요한 과제중 하나는 고독을 잘 극복하는 것이다.

겨울처럼 춥기만 하고 삶이 무미건조하게 느껴지는 순간, 한 치의 앞도 볼 수 없을 만큼 어두운 밤, 내 길이 어디로 가는지도 가늠하지 못하는 순간, 함께 살고 있는 사람들마저 멀리 느껴지고 더욱 고독을 뼈저리게 느끼는 순간, 스스로 아무것도 할 수 없는 무기력함에서 마치 어린애처럼 우는 암담한 상황 속에서 우리는 누구를 찾는가? 무엇을 찾는가? 우리가 도저히 받아들일 수 없는 고통과 시련을 겪을 때라도 하느님께서 나와 함께 계신다는 '확신과 믿음'을 가지고 있다면 우리는 고통이나 시련을 극복할 수 있을 것이다.

추운 겨울에 나무들은 마치 죽은 것처럼, 아무런 생명이 없는 것처럼 보이지만 죽은 것 같은 그 고요함과 메마름 속에서 봄이 준비되고 있다. 땅속의 어둠은 바로 생명을 낳기 위한 죽음이고, 봄을 준비하는 죽음이다! 가을에서 직접 봄으로 가는 일은 없다. 반드시 죽음과 같은 겨울을 통과해야만 봄이 있다. 비록 우리의 삶이 메마르고, 단조롭고, 어둡고 무의미하게 느껴질지라도 무수히 많은 새싹들이 준비되는 것을 우리가 믿고 기다린다면 외로움과 고독은 노년에 충만한 삶을 살 수 있게 해 줄 것이다. 예수님도 40일 동안의 광야체험이 공생활 동안 사람들의 고통을 공감할 수 있는 원동력이 되었다. 그처럼 지금 우리가 겪는 고통과 시련, 외로움과 고독, 어두운 광야생활은 우리 인생의 큰 재산이요 보물이 될 것이다.

　우리는 고독 속에서 오랜 세월 동안 마음속에 쌓인 퇴적물을 걷어 내기 시작한다. 고독은 과거를 되돌아보게 하고 현재의 삶을 반성하게 할 뿐 아니라 나 자신과 화해하고 나와 함께 한 사람들과도 화해하며 지나온 내 삶과도 화해하게 한다. 이는 바로 나 자신과의 치열한 투쟁의 시간이며 몸과 마음이 함께 고통과 아픔을 겪는 시간이다. 하느님과 화해하기에 이르면 과거와 새로운 방식으로 소통하기 시작한다. 더 이상 과거로 인해 상처받지 않고, 과거를 부끄러워하지 않는다. 내 힘으로 바꿀 수 있는 것이란 아무것도 없음을 깨달았을 때, 나의 부족과 잘못을 깊이 깨달았을 때, 뜨거운 참회의 눈물을 흘리며 하느님 앞에 꿇어 용서를 청할 때 더 이상 자기 자신을 변호할 필요가 없다. 그저 그분의 크신 사랑과 자비에 자기 자신을 맡길 뿐이다. 참회를 통해 용서를 받은 후에는 하느님만이 주실 수 있는 깊은 평화가 주어진다. 나의 내면의 깊고 고요한 장소 – 고독은 드디어 깊은 내적 평화를 가져다주어 더없이 평화롭고 감사하는 은총의 시간이 된다.

제2부

새로운 삶을 위하여

1. 새로운 삶

노인은 더 이상 무엇을 가지고 자신을 증명할 필요가 없다. 젊었을 때 시간이 없어서 하지 못한 일들을 이제 할 수 있다. 마음을 열고 다른 이에게 귀를 기울일 수 있고 더 이상 자신을 방어할 이유도 없다. 보다 더 친구들과 함께 할 수 있고, 기도시간도 가질 수 있다. 마음만 먹으면 긍정적으로 생각할 수 있고, 받아들이려고만 한다면 많은 것을 누릴 수 있는 기회가 있다.

교황 프란치스코는 "노년은 질병이 아니라 특권이므로 교회는 노년이 주는 선물을 받아들여야 한다"며, 사람들은 생산성과 활력의 쇠퇴 때문에 은퇴가 필요하다고 생각하지만, 은퇴연령에 다다른 이들도 여전히 육체적으로나 정신적으로 건강하고 더 많은 자유를 갖고 있음으로, 우리는 노년이 주는 선물을 받아들이고 노년은 공동체의 쓸모없는 부담으로 받아들이는 사회적 통념을 바꾸기 위해 노력해야 한다고 했다. (바티칸 노인사목 국제회의. 2020. 1. 31.)

노년기에는 일상생활의 아름다움과 단순함을 다시 찾아야 한다. 그러자면 슬픔과 상실을 살아가는 법을 배워야 하고, 노화를 인정하고 받아들이면서 나이 드는 것을 자연스럽게 삶의 일부로 받아들일 수 있어야 한다. 이를 더욱 충만한 삶으로 나아가는 불가피한 통로이며 기회라고 여기는 사람과 과거에 집착하고 늙어가는 것을 저항하는 사람 사이에는 근본적으로 차이가 있다. 비록 밖으로는 가난해도 안으로는 부유한 마음이 있다면 오늘 하루는 축복이며 선물이고, 새 하루, 새 생명을 주신 하느님께 감사할 수 있어 행복할 수 있다.

고전古傳에서 행복과 불행은 같은 문이라고 했다. 오늘의 행복이 내일의 불행이 될 수 있고, 오늘의 어려운 상황이 내일의 행복이 될 수 있다는 것이다. 그러니 행복은 일어나는 모든 일 앞에서 우리가 그것을 긍정적으로 생각하느냐 아니면 부정적으로 생각하느냐에 달려 있다.

사람들은 행복과 성공을 동전의 양면으로 생각한다. 성공한 사람은 행복하고, 행복한 사람은 성공했다고 한다. 이제 그런 시대는 지났다. 일의 성취로만 행복을 가늠하면 상실감만 커지고 불행해진다. 생활말씀에서 하루하루, 우리가 크고 작은 고통, 즉 의심, 실패, 오해, 엇갈린 관계, 가정이나 직장에서의 어려움, 심지어 불행이나 심각한 걱정 등으로 시달릴 때에 그것을 주님께 대한 우리의 사랑으로 받아들이고 주님께 봉헌하도록 노력해야 한다.

정신적으로 뒷걸음치지 않도록 마음을 자극하고 활력을 유지시키는 일은 중요하다. 세상의 변화에 건전한 호기심을 가지며, 독서, 성인 교육 프로그램에 관심을 갖고 참여하는 것은 마음에 주의력과 활력을 유지시켜 주는 좋은 자극제가 될 수 있다.

흔히 사람들은 중년기 혹은 노년기 시작을 위한 쇄신의 모델로 독수리 이야기를 한다. **독수리**는 겨울 철새, 모든 새들 중에 가장 오래 사는데, 70년 이상을 산다. 모든 새들의 왕인 독수리는 높은 하늘을 미끄러지듯 비행하며, 우아하고 당당하다. 후각이 발달되어서 먹이가 아주 멀리 있어도 찾아낸다. 독수리가 나이가 들면 그의 길고 날카로운 부리가 구부려지면서 망가지고 깃털이 빠지고 눈도 흐려지며, 날개가 낡아지고 무거워지면서 날아가는 것이 어려워진다. 이때 독수리는 다시 살기 위해서 힘든 결단을 내려야만 한다. 독수리는 죽든지 아니면 150일 동안 고통스런 쇄신의 과정인 5개월을 맞이할 것인지 결단을 내려야 한다.

이런 결단을 내렸으면, 이 과정을 이루기 위해서 독수리는 높은 산에 올라가 더 이상 날아갈 수 없는 곳의 암벽으로 가서 둥지를 틀고 머문다. 그는 끊임없이 부리가 닳아 없어질 때까지 암벽을 찍는다. 부리가 닳아진 다음에 부리가 새로 날 때까지 기다린다. 그 다음에는 새로 난 부리로 무뎌진 발톱을 하나씩 빼낸다. 발톱이 빠지고 새로운 발톱이 생기는 인고의 세월을 견딘 후 독수리는 새로운 부활을 맞게 된다. 독수리는 앞으로 30-40년을 더 살기 위해 자신의 몸 전체를 바꾸고 새 출발을 한다.

내 인생에서는 중년기와 노년기가 시작되기 전에 이 중요한 시기를 준비할 수 있도록 하느님께서 나를 안배하셨다. 중년기 준비는 내가 독일에서 학업을 마치기 전 3년 동안이었고, 노년기 준비는 64살 때 우리 수녀회의 독일 모원의 한 분원에서 노인 수녀님들과 함께 3년간 살았던 때이다.

30여 년간 지칠 줄 모르고 활동을 하던 나는 에너지가 고갈되었음을, 내 '한계'를 느끼면서 재충전이 필요하다는 것을 절실히 깨달았다. 왜 힘이 빠졌는지, 왜 에너지가 고갈되었는지, 왜 계속해서 더는 할 수 없고 또 해서는 안 되는지를 알았다. 그래서 내 일을 계속할 수 있기 위해서는 고요한 시간에 더 많은 기도와 침묵이 필요하고 다시금 충전되어야 함을 깨달았다. 생명이 다시 차오르고 주님의 빛으로 다시 무장되지 않고서는 나에게서 나갈 빛도, 생명의 기운도 없다는 것을 깊이 깨달았다. 장상 수녀님의 너그러운 이해와 허락으로 이를 위한 공간과 시간이 주어졌음은 분명코 하느님의 섭리였다.

나무도 마찬가지다. 나무가 수명을 다하게 되면 새로운 새끼가지들을 옆으로 쳐서 원가지는 죽고 새로운 작은 가지로 새롭게 성장한다.

이처럼 모든 생명체는 한계를 체험한다. 어떤 것이 한계에 부딪칠 때에는 새로운 전환을 위해서 겪어야 할, 거쳐야 할 과정을 다시 되돌려서 해야만 새로운 힘을 얻을 수 있다. 다시 무장되지 않으면 더 이상 그에게서 풍기는 생명의 기운도 없으니 죽은 생명과도 같다.

"이제 노인이 되어서 뭐 그리 오래 살겠다고 독수리처럼 그렇게 힘든 고생을 해야 하느냐?"고 반문하는 이가 있을지 모르겠다. 노인이 되면 자신이 가지고 있던 에너지들이 고갈되고, 스스로도 힘이 빠짐을 느끼게 되면 재충전의 시간은 누구에게나 필요하다. 왜냐하면 이미 퇴화된 눈처럼 그렇게 되어버린 상태에서는 똑똑히 볼 수 없기 때문이다.

재충전을 해야 한다는 것은 물론 노인이 힘든 학업을 다시 시작해야 한다는 말이 아니다. 이는 보다 정신적인 무장을 함으로써 노년기에 맞게 될 여러 힘든 상황들을 지혜롭게 대처하고 행복하게 살아갈 수 있는 힘을 얻기 위한 것이다. 우리는 죽는 날까지 배울 것이 있고 또한 배워야 한다. 뛰어넘지 않고서는 그 어떤 참된 성장이 없고, 성장이 없는 삶은 무의미하다. 우리는 우리에게 그리고 우리 주변에 일어나는 모든 일을 어떻게 보아야 하는지 배워야 한다. **심지어 우리를 고통스럽게 하는 모든 것들마저도 하느님이 우리를 사랑하시기 때문에 그분이 우리에게 원하시고 허락하신 것임을 알고 배우도록 노력해야 한다.**

인류역사를 통해 볼 때 고령의 나이에도 불구하고 오히려 젊은 시절에도 하지 못한 훌륭한 지혜들을 이룬 이들이 많다.

1958년에 19년의 긴 재위기간 후 서거한 교황 비오 12세의 후임자로서 베네치아 총대주교 **주세페 론깔리**를 교황으로 선출하였다. 교황으로 선출된 요한 23세는 77세 고령의 나이에 불구하고 취임한 지 채 90일이 되지 않아 '제2차 바티칸 공의회'를 개최하겠다고 발표했다. 과도기 교황으로 생각된 분이 교회 역사 2000년 동안 20번밖에 열리지 않았던 공의회를 소집하겠다고 하였을 때 많은 이들의 반응은 한마디로 놀라움과 당황스러움 그 자체였다.

드디어 1962년 개막된 제2차 바티칸 공의회는 전 세계교회가 함께 모인 첫 번째 공의회였다고 할 수 있다. 전 세계 2550여 명의 주교들이 공의회 개막식에서 행렬하여 성 베드로 대성전에 입장하는 데만도 1시간이 넘게 걸렸다.

제 2차 바티칸 공의회는 그리스도의 복음에 더욱더 충실해지도록 우리 자신을 쇄신할 방법을 찾고자 했고, 신앙의 빛이 더더욱 강렬하고 찬란하게 빛나기를 희망하며 영성의 쇄신을 기대하였다. 교황은 특별히 민족들 간의 평화와 사회 정의를 촉구하였다.

'착한 교황'이라는 별명을 지닌 교황 요한 23세는 이탈리아의 작은 시골에서 농부의 아들로 태어났다. 그래서인지 그의 모습 또한 시골 할아버지처럼 푸근하고 소탈했다. 이런 분이 교회와 세상을 위한 대변화를 초래한 역사적인 큰일을 하게 되었으니 참으로 놀라운 일이 아닐 수 없다! 가톨릭교회는 오늘도 제2차 바티칸 공의회의 정신을 내면화하고 적극 실현시키려는 노력을 아끼지 않고 있다.

조안 치티스터 수녀는, 노년은 인생의 마지막을 기다리며 인내해야 하는 시간이 아니라 지금까지 한 번도 경험해 본 적이 없는 방식으로, 진정으로 살아 있어야 하는 시간이라고 했다.

노년기는 인생의 절정이며 완전히 새로운 삶을 다시 만들어가는 시간이므로 언제나 거듭 씨를 뿌려야 한다. 흙이 너무 거칠고, 비가 너무 많이 오고, 햇볕이 너무 뜨겁고, 씨앗이 좋지 않다고 말하지 말고 내가 할 일은 그저 씨를 뿌리는 것이다. 씨를 뿌리면서 내가 무엇을 얻을 수 있을까? 추수할 수 있을까? 생각하지 말고 사랑과 관심을 가지고, 기쁜 마음으로, 믿음을 가지고 씨를 뿌려야 한다. 다만 열매는 서로 나누어야 한다는 것을 생각하면서 씨를 뿌리는 사람이 되어야 하지 않을까.

2. 되돌아보기

모든 노인들은 옛날이야기를 즐겨 한다. 그것은 때때로 웃음을 자아내게 하고, 때로는 시간낭비라고 판단되기도 하고, 젊은 사람들이 볼 때 이야기하는 사람이 현재를 망각한 채 오직 뒤만 바라보고 있는 것처럼 보여질 수 있다. 그러나 그것은 이런 방법으로 그의 생에 열중하고 미래를 위한 중요한 진로를 정하고 있는 것일 수도 있다.

인디언들은 말을 타고 아주 먼 길을 단숨에 달려가는 일이 결코 없다고 한다. 달리다가 가끔씩은 말에서 내려 지금까지 자기가 달려온 곳을 한참 동안 바라보면서 사색에 잠겼다가는 다시 말에 올라타 갈 길을 재촉한다. 그 이유는 앞만 보며 너무 빨리 달려가느라 자신의 영혼이 미처 따라오지 못했을까 하는 염려 때문이다. 너무 빨리만 달려가느라 지금 소중한 것들을 잃어버리고 있지는 않은지, 현실이라는 수많은 벽들과 부딪치느라 지금 더 없이 귀한 것들을 함부로 내동댕이치고 있는 것은 아닌지, 그

것이 바로 내 영혼은 아닌지, 이렇게 뒤돌아보는 게 삶의 지혜가 아닌가 한다.

 "상기함, 기억함"은 성서의 중요한 기본 단어이다. 많은 예를 볼 수 있지만 특히 이스라엘 백성은 40년간의 광야생활을 잊지 말라고 백성에게 거듭 상기시켰다. 굶주림과 목마름, 하늘에서 내려 온 만나와 메추라기, 온갖 위험들을 겪은 후 하느님이 조상들에게 '젖과 꿀이 흐르는 땅', 생수, 우물물, 밀, 보리, 무화과나무, 올리브나무, 꿀, 지하자원들이 풍성한 가나안 복지를 주시겠다고 맹세한 것을 기억하고 대대 후손들에게 이야기해 주었다.

 걸어온 길을 되돌아보는 일은 기도, 곧 **회상의 기도**이다. 당혹스러움과 후회와 회한을 느끼는 시간이기도 하다. 실상 평범한 것들과 외관상 희망이 없어 보이는 것들이야말로 진정한 도전이다. 모든 사람의 모든 순간이 하느님 눈에는 소중하기에 어느 한 순간이라도 의혹과 실의 때문에 낭비하는 일이 없어야 한다.

 인생의 의미를 발견하는 것만큼 즐겁고 보람 있는 목표가 있을까? 그러나 인생의 의미는 그 어떤 특별한 교육이나 책들을 통해서 쉽게 발견되는 것이 아니다. 병을 통해 건강했을 때보다 훨씬 인간적으로 성숙해진 사람도 많다. 인간의 가장 큰 소망은 건강이지만, 설사 건강에 위험신호가 오더라도 좌절할 필요는 없다. 고통스러운 투병 기간 중에 인간적으로나 영적으로 더욱 성숙해지고, 자신의 고통 속에 숨어 있는 하느님의 섭리를 깨달음과 동시에 하느님의 뜻을 발견할 줄 아는 큰 축복이 있음을 본다.

어떤 시련이나 어려움을 겪게 될 때 하느님께서 나의 성장을 위해 허락하신 것이라 믿으며 그것을 감당할 수 있는 힘을 간청한다면 자신의 뜻을 보다 쉽게 포기하고 하느님 뜻으로 받아들일 수 있게 될 것이다.

> "내 생각은 너희 생각과 같지 않고 너희 길은 내 길과 같지 않다.
> 내 길은 너희 길 위에, 내 생각은 너희 생각 위에 드높이 있다."
> (이사 55,8-9)

나는 하느님의 섭리나 그분의 뜻을 잘 이해할 수 없을 때는 늘 위의 말씀을 되뇌이면서 힘과 용기를 얻는다. 내 생각이 하느님의 생각과 같지 않고, 내 길이 하느님의 길과 같지 않아 얼마나 자주 힘들어하고 괴로워했던가! 내가 그분께 내 삶을 맡기며 "주님 뜻대로 이루어지길" 기도하면서도 하느님의 뜻과 내 뜻이 달라 얼마나 실망스러웠던가! 그러나 **"인간이 마음으**

하느님은 짓궂으신 데가 있습니다.
자주 우리와 다른 동선을 그리시며
우리 기대와 희망을 무참히 저버리시는 듯 역사하시기 때문입니다.
넘어질 만하면 또 다가오시고 다시 일어나면 또 사라지시니
참으로 무심한 분처럼 보이기도 합니다.
그래도 믿지 않습니다.
자주 우리와는 다른 동선을 그리면서도
종종 우리를 실망과 좌절의 늪에 빠지도록 내버려 두시면서도
결국은 우리를 당신 선으로 인도하시기 때문입니다.
하느님의 동선動線은 이처럼 종잡을 수 없습니다.
당신이 원하시는 대로 자유롭게 움직이시기 때문입니다.

(허성석 신부)

로 앞길을 계획하여도 그의 발걸음을 이끄시는 분은 주님이심"(잠언 16,9)이라 그분의 길이 나를 잘못 인도하신 적이 없었다는 것을 깨닫게 되면 나는 하느님 앞에 무릎을 꿇고 나의 부족한 믿음과 신뢰심에 대해 용서를 청하고, 그분의 이끄심에 내 삶을 온전히 내맡긴다.

우리에 대한 하느님의 뜻은 어떤 큰 사건이나 순간이 아니라 매일 매순간의 상황 속에서 주어진다. 그러므로 우리는 매일 우리에게 주어지고, 일어나는 일들을 하느님의 눈으로 바라보며, 실재상황 속에서 그분의 뜻을 찾고 그에 따라 행동하도록 노력해야 한다. 비록 우리가 그 즉시 하느님의 심오한 섭리를 측량할수 없거나 그분의 지혜를 알 수는 없다 해도, 내가 바라거나 과거의 것이 아닌 바로 그 순간에 있는 그대로, 하느님의 뜻으로 받아들이는 방법을 지속적으로 배우도록 힘써야 한다. 이러한 내면의 투쟁을 통해 영적 성장이 이루어지고 그분의 뜻을 조금씩 더 잘 알아듣게 된다. 우리가 언제나 일상 안에서, 특히 기도 중에 하느님과 그분의 뜻을 발견하기 위해 끊임없이 노력하는 것은 힘들고도 어려운 일이지만 노력 자체가 은총이며 축복이다.

과거를 회상하는 일은 자아 인식에 도움이 되기도 한다. 이전에 일어난 일들을 고요히 돌이켜볼 때면 그 일들 속에서 표현된

자기 정체성을 발견할 수 있고, 자신의 심층과 만나게 되면서 우리 안에 살아계시는 하느님의 생명을 느낄 수 있기 때문이다. 우리가 시련과 시행착오를 통해서까지도 마음의 평화와 기쁨을 보존하려 한다면, 끊임없이 기도와 신앙의 빛에 의지해야 하고, 내 노력이 얼마나 하찮은 것이며 내가 하느님 은총에 얼마나 깊이 종속되어 있는지를 깨닫고 인정해야 한다. 우리 모두는 인생살이에서 많은 것을 배웠고, 많은 잘못을 저질렀으며, 많은 어려움 속에서 교훈을 얻었다. 한편 우리는 하느님의 은총과 사랑을 많이 받았으면서도 성실하게 부응하지 못했음을 고백하지 않을 수 없다.

노인들에게 삶이 많이 고달프고 힘들었느냐고 묻는다면, 어떤 이는 삶이 그다지 힘들지만은 않았다고 대답할지 모른다. 그러나 세월과 함께 자신의 삶을 포기하게 되었다고 말하는 이들이 있는가 하면, 삶이 무척 짐스러웠고, 올바르게 잘 살지 못했다고 말하는 이들도 있을 것이다. 지난날을 돌이켜보며 다소라도 실망과 환멸, 후회와 미련, 안타까움과 아쉬움을 느끼지 않는 이가 있을까?

자신의 삶에서 이루지 못한 것을 아쉬워하기보다는 현재 모습 그대로를 편안히 받아들여야 한다. 과거에 어떤 선택을 했던 간에 그것이 악이 아니었다면 그 상황 속에서 우리가 할 수 있는 최

선의 것을 선택하였다고 믿고, 그것을 소중히 여기며 앞으로의 삶에 변화의 계기로 삼는다면 그 선택은 우리 삶에 선물이 될 수 있을 것이다.

3. 새로운 노년기를 위하여

"정녕 천년도 당신 눈에는 지나간 어제 같고 야경의 한때
와도 같습니다.

당신께서는 저희의 잘못을 당신 앞에, 저희의 감추어진 죄
를 당신 얼굴의 빛 앞에 드러내십니다.

저희의 햇수는 칠십년, 근력이 좋으면 팔십년, 그 가운데 자
랑거리라 해도 고생과 고통이며 어느새 지나쳐 버리니, 저
희는 나는 듯 사라집니다.

저희의 날수를 셀 줄 알도록 가르치소서. 저희가 슬기로운
마음을 얻으리다.

아침에 당신의 자애로 저희를 배불리소서, 저희의 모든 날
에 기뻐하고 즐거워하리이다.

저희가 불행을 겪었던 그 햇수만큼 저희를 기쁘게 하소서."
(시편 90, 4,8,10,12,14, 15b)

내 인생과 화해하기

노인들의 이야기는 자주 변용되거나 미화된 빛 안에서 과거로 나타나는데, 이는 긍정적인 가치를 가질 수 있다. 그 이야기가 역사책을 쓰기 위해서나 기록을 남기기 위한 것이 아니고 삶의 역사를 자신의 것으로 만들기 위한 것이라면 우리가 기억하는 것이 굳이 객관적일 필요도 없고, 자기 견해에도 매일 필요가 없다. 우리가 생의 역사를 감사한다면 우리 역사의 여러 가지 자료들에 각각 다른 무게를 둘 수 있을 것이다. 좋은 기억들은 나쁜 기억들보다 더 강한 무게를 가진다. 우리가 체험한 위험들과 상처들, 잘못과 실수들을 기억하며 말하는 주원인은 그것이 구원과 치유와 화해의 체험들을 빛나게 하는 어두운 배경들이기 때문이다. 우리 인생의 궁극적인 수확은 결국 하느님의 자비에, 그분의 구원과 치유에 달려 있다. 그러므로 기억은 자신의 인생과 더불어 화해의 한 부분일 수 있으므로 우리가 감사하며 기억하는 것은 희망과 깊은 관계가 있다.

노인 세대는 다른 어떤 세대보다 과거에 깊은 뿌리를 박고 있다. 노인은 사회의 모든 개념이 어디서, 왜 시작되었는지 알고 있다. 자유로워진다는 것, 자유를 잃는다는 것이 정확히 어떤 의미인지 알고 있다. 하지만 노인의 지식보다 더 중요한 것은 노인이 그러한 이야기를 후대에 남길 능력이 있으며, 후대에 남기고 싶어 한다는 것이다. 그 이야기를 물려주지 않는다면 젊은 세대는 고유함도 전통도 없는, 왜 어떻게 이곳에서 살게 되었는지 기억하지 못할 것이다.

아무 과오 없이 일생을 보낸 사람은 거의 없다. 그러므로 우리는 자신의 과거를 현재 삶과 연결시키고, 이제까지 숨겨 둔 과거의 죄과를 직시하며, 솔직하게 반성할 필요가 있다. 우리는 때때로 지난날의 화려했던 시절을 생각하며 사람들에게 늘 자랑만 하는 사람이 있는가 하면, 회한과 양심가책으로 우울하고 소심한 삶의 태도를 가진 이들이 있음을 본다. 어떤 이는 실수나 옛 상처를 들추어내고, 죄의식으로 괴로워하며 과거를 회상한다. 그러나 회상은 상처를 아물게 하고, 정화하고, 치유하는 유익한 것이 되어야 한다.

지난날의 상처와 실수를 솔직하게 인정하며 하느님께 용서를 청하고, 다시 시작할 수 있는 은총을 청하면 상처가 아물고 치유받았다는 확신과 더불어 하느님께 감사와 찬미, 영광을 드릴 수 있다. 그래서 어떤 회한이나 아픔, 타인에 대한 비난 없이 지난날의 과오와 상처들에 대해 솔직하게 이야기할 수 있으므로 다른 이에게 힘과 용기를 줄 수 있다.

"그분께서는 아프게 하시지만 상처를 싸매 주시고
때리시지만 손수 치유해 주신다네." (욥 5,18)

우리 인생에는 돌이킬 수 없는 일이 많다. 시간은 과거로 되돌아갈 수 없고, 이미 지나간 것을 되돌릴 수도 없다. 이미 뱉어진 말, 시간, 기회들은 돌이킬 수 없는 것이다. 하지만 과거에 대한 생각은 바꿀 수가 있다. 과거에 대한 생각이 바뀌면 과거도 다른 모습으로 기억될 것이다. 인간은 자기 존재의 과거로 거슬러 올라갈 수 있고, 경우에 따라서는 인간에게는 과거 행위의 의미와 가치를 재해석할 수 있는 힘이 있기 때문이다. 물론 자기가 직접 관여했던 어떤 구체적인 행위와 그 행위로 인해 생긴 외면적인 결과는 변경할 수 없지만 그 내면적인 의미와 가치는 수정할 수 있는 것이다. 자기 자신을 변화시키는 일은 언제 시작해도 늦지 않기 때문에 오늘 바꿀 수 있는 것이 있다면 미루지 말고 바로 오늘, 지금 변화를 시도해야 한다.

† 감사하기

노인들은 자신을 더 이상 보잘 것 없는 사람, 쓸모없는 사람이라고 생각하거나 말하고, 스스로의 존재감과 인간으로서의 의무를 잃어버린 두려움을 드러내곤 한다. 그러나 노인과 노년은 결코 쓸모없는 사람도, 헛된 시간도 아니다. 두려움은 우리의 삶이 변하는 것이 아니라 끝난 것이라고 유혹한다. 그러나 두려움은 노년에도 계속해서 자신을 위해서 그리고 이 세상을 위해서 새로운 자아를 찾아야 한다고 도전하기도 한다. 그러니 내가 '무엇이 되었고, 무엇을 했던가가 아니라 **무엇을 어떻게 했던가?'**가 중요하며 이제 **감사하는 마음**으로 내 모습을 들여다봐야 한다.

노년에는 항상 우리의 "마음을 보시는" 하느님 앞에서 현재의 가능성을 즐기고, 우리를 오늘 이 순간에 이르게 한 과거를 감사하며 자유로운 마음으로 살아야 한다.

감사하는 마음은 하느님의 현존을 향해 우리의 마음을 열게 한다. 그래서 이 순간을 온전히 살게 하고 기대에 찬 미래를 바라보게 하여 온 삶이 선물임을 자각하게 한다.

† 용서와 치유

이제는 더 이상 지나간 실수와 상처 주위를 맴돌지 말자! 사람은 살면서 타인에게 상처를 받기도 하고 주기도 한다. 스스로를 비난하거나 남을 원망하는 것은 아무 도움이 되지 않는다. 삶에 있어 사랑과 미움이란 중요한 두 가지 힘이 우리를 지배한다. 미움과 비통함은 더 큰 고통으로 몰아가고, 두려움은 더욱 어려움을 자아낼 뿐이다. 그러므로 우리는 두려움에서 벗어나고 미움과 비통함을 털어버려야 한다.

　남을 용서하는 것뿐 아니라 나 자신을 용서하는 것도 무척 어려운 일인데 하느님을 용서한다는 것은 더더욱 힘들고 괴로운 일이다. 하느님의 사랑을 믿으면서도 하느님께 버림받았다는 생각을 하고 하느님을 원망할 때가 있다. 고통 속에서 하느님께 울부짖으며 도움을 청했지만 하느님께로부터 어떠한 응답도 받지 못해 하느님의 무관심과 무응답에 화가 나고, 실망하고 원망하며 나아가 배신감까지 느낄 수도 있다.

　과거의 고통과 상처들이 평화에 이르는 중요한 길은 용서이다. 나는 피정을 동반하면서 다른 사람들로부터 받은 상처와 자신이 남에게 준 상처들을 용서하지 못하고 화해하지 못해 가슴앓이를 하는 이들을 많이 만났다. 용서는 단지 우리에게 상처를 준 사람들을 받아들이는 것만을 의미하지 않는다. 그들을 향한 미움과 원망의 마음에서 스스로를 놓아주어야 한다. 그러므로 **용서는 자기 자신에게 베푸는 가장 큰 자비이자 사랑이다.** 자신만 생각하고 타인을 잊어버리면 우리의 마음은 매우 좁은 공간만 차지하게 된다. 그 작은 공간 안에서는 작은 문제조차 크게 보인다. 하지만 타인을 염려하는 마음을 가지는 순간 우리 마음은 자연스럽게 넓어진다. 이때는 자신의 문제가 아무리 큰 것이라 해도 크게 느껴지지 않는다.

용서는 결코 쉬운 일이 아니다. 개인의 차원에서나 공동체 차원에서나 상처는 깊고 오래 간다. 종교를 통해 늘 용서의 의미와 가치를 설득당하지만, 현실에서 우리에게 부당하게 상처를 준 이들에 대한 감정의 골은 좀처럼 지워지지 않는다. 은혜를 원수로 갚는 사람, 부당하게 재산을 갈취한 형제, 사랑하는 이에게서 당한 배신, 믿었던 사람에게서 이용당하고, 억울한 누명을 쓰게 되고, 명예를 훼손당했을 때…. 이런 것들을 상상하는 것만으로도 용서가 아닌 미움과 복수의 감정이 앞서게 된다. 때로는 마음의 준비를 단단히 하고서 남을 용서하고 화해함으로써 다시 좋은 관계를 회복하려고 다가서다가 오히려 더 좋지 않은 관계를 만드는 경우도 있다. 그러면 다시 다가서는 것은 무척 위험스럽고 힘들게 느껴진다. 하지만 이러한 위험을 시도하는 자만이 참으로 자유로운 사람이다! 그래서 **용서는 삶 속에서 실천할 수 있는 가장 큰 수행이라고 달라이 라마는 말한다. 힌두교의 오래된 경전 『바가바드 기타』**는 "용감한 사람을 보기를 원하면 용서할 줄 아는 사람을 보라. 영웅을 보기를 원하면 미움을 사랑으로 되돌려 보내는 사람을 보라"고 한다. 고통과 슬픔을 피한다면 느끼고, 변화되고, 성장하고, 사랑하며 사는 것을 배울 수 없다.

"형제의 눈 속에 있는 티는 보면서, 자기 눈 속의 들보는 깨닫지 못하기" (마태 7,3 이하) 때문에 우리는 쉽사리 겉모양만 보고 남을 판단한다. 우리에게 상처를 준 사람을 이미 오래 전에 용서해 주었다고 믿고 있었지만 어느 날 갑자기 어떤 상황이나 사건을 계기로 다시 그 사람에 대한 거부감이나 증오의 마음이 일어나면서 용서할 수 없을 만큼 마음이 완고해지거나 받은 상처를 되씹는 경우가 있다. 우리가 의지적으로 용서하는 것과 감정적으로 용서하는 것은 다르다. 의지적으로 용서를 했어도 마음은 여전히 아프고, 받은 상처가 크고 깊을수록 상처가 낫기까지, 그 상처에서 자유로워지기까지 그리고 마음의 평화를 다시 찾기까지는 인내를 요한다. 용서했다고 꼭 화해가 이루어지는 것은 아니다. 물론 용서하고 화해하고 관계가 개선된다면 그보다 더 좋은 일이 없겠지만 화해는 나 혼자만의 노력으로 이루어지는 것이 아니다. 머리로는 이미 용서했다 할지라도 감정은 그에 미치지 못할 때가 종종 있다. 이런 반응은 자연스러운 것이므로 거듭 진심으로 상대방을 용서하도록 노력해야 하며 인내가 필요하다. 우리의 감정이 온전히 용서하고 잊어버리기까지는 긴 세월이 요구될 수도 있기 때문이다.

진정한 용서와 사랑은 인간의 선의나 노력만으로 이루어지지 않는다. 하느님의 은총이 필요하다. 용서, 화해가 힘들다고 하는 이들에게 나는 **축복의 기도**를 권하고 싶다. 즉 내가 용서하기 어려운 사람을 하느님께 봉헌하면서 하느님의 축복을 비는 것이다.

용서는 자비의 가장 고귀하고도 가장 어려운 형태이다. 자비는 모욕의 용서에서 그 절정을 이룬다. 예수님은 "너희는 원수를 사랑하고, 너희를 박해하는 자들을 위하여 기도하라"(마태 5,44)고 하셨다. 또한 주님의 기도에서 "우리의 잘못을 용서하시기를" 간청하기에 앞서 "우리가 우리에게 잘못한 이를 용서해야 한다."고 가르치신다.

"너희가 다른 사람들의 허물을 용서하면, 하늘의 너희 아버지께서도 너희를 용서하실 것이다. 그러나 너희가 다른 사람들을 용서하지 않으면, 아버지께서도 너희의 허물을 용서하지 않으실 것"(마태 6,14-15)이기 때문이다.

한 제자가 예수님께 "주님, 제 형제가 저에게 죄를 지으면 몇 번이나 용서해 주어야 합니까? 일곱 번까지 해야 합니까?" 하고 물었을 때 예수님은 "일곱 번이 아니라 일흔일곱 번까지라도 용서해야 한다."고 대답하셨다. (마태 18, 21-22) 이는 끝없이 용서하라는 말씀이다.

"하느님 아버지, 누구(이름)를 당신께 봉헌합니다. 그를 축복해 주십시오!" 아주 간단하고도 쉬운 기도이다. 진심으로 용서하려는 마음 없이 그저 입술로만 이 기도를 몇 번 한다고 해서 즉시 용서할 수 있게 되고 마음의 치유와 평화를 얻게 되는 것은 물론 아니다. 내가 용서하기 힘든 그 사람을 위해 계속해서, 그것도 용서와 화해가 이루어질 때까지 그 사람을 위해서 이 축복의 기도를 바치는 것은 결코 쉬운 일이 아니다. 그러나 이 축복의 기도를 바치면서 상대방이 곧바로 변하기를 기대하지 말아야 한다. **이 축복의 기도를 바치면서 상대방에 대한 거부감과 증오의 감정이 서서히 사라지고, 자신의 상처가 치유됨을 알 수 있다.**

예수님은 우리 잘못에 대해 용서를 청하고 형제와 화해하지 않는다면 우리 기도와 예배는 진정한 예배가 될 수 없다고 하신다.

미움은 어둠이요 악이다. 용서의 실천은 우리 자신과 이 세상을 치유하는 데 있어 중요한 역할을 한다. 상처의 진정한 치유는 용서에서 온다. 용서함으로써 자유로워진 사람에게 천천히 치유가 시작된다. 그러나 용서는 혼란스러움 안에서 이루어지는 가운데 한 번씩 한 번씩 용서하게 된다. 천천히 이해하면서 용서와 치유가 된다. 이해가 용서의 첫걸음이다. 용서는 쉽지 않다. 자꾸 억울한 마음이 들더라도 나를 위해서, 내가 행복하기 위해서, 내 삶을 위해서라도 용서해야 한다.

"제단에 예물을 드리려 할 때에 너에게 원한을 품고 있는 형제가 생각나거든, 그 예물을 제단 앞에 두고 먼저 그를 찾아가 화해하고 나서 돌아와 예물을 드려라." (마태 5,23-24)

예수님은 십자가 위에서 죽으시는 순간에 용서를, 원수 사랑을 실현하셨다.

"아버지, 저 사람들을 용서하소서. 사실 저들은 무슨 짓을 하는지 알지 못합니다!" (루카 23,34)

용서는 마음의 평화와 자유와 힘을 되찾는 것이기에 우리 모두는 용서를 필요로 하고, 용서는 매일 서로 잘못하는 우리가 서로에게 하는 봉사임을 잊지 말아야 한다.

다른 사람과 비교하지 않기

사람들은 때때로 조용히 자신에게 질문을 한다. 내 삶은 살 만한 가치가 있었던가? 세상은 나를 통해서 무엇이 달라졌는가? 내가 이룬 것이 무엇인가? 내가 더 이상 존재하지 않는다면, 부족한 것이 있을까? 사람들이 내가 없다는 것을 느끼기나 할까?

이렇듯 질문이 꼬리를 물고 떠오른다. 그렇다. 그냥 살고, 그냥 존재하는 것만으로도 살 가치가 있다! 가치 없는 것이란 아무것도 없다! 우리 눈에 보잘것없이 작게 보이고 또 보이지 않는다 할지라도 있는 것은 모두 좋다. 태초에 모든 것을 만드시고, 하느님께서 보시니 좋았다(창세 1,27-31) 하셨다.

하느님이 모든 것을 창조하셨으니 모든 것이 좋다! 그 모든 것이 인간에게 필요한지는 물음의 대상이 아니다. 그것은 소유가 아닌 존재에 있다. 모세가 불타는 가시덤불 속에 나타나신 하느님께 그분의 이름이 무엇이냐고 물었을 때 하느님은 모세에게 **"나는 있는 나다!"**(탈출 3,14)라고 대답하셨다. 하느님이 지어내시고 만드신, 바뀔 수 없는 상상(像), 고유하고 유일한 자기가 내 안에 있다. 이것이 바로 참 자기이다. **우리는 자기 자신을 위해서 존재하고, 또한 자기 자신 안에 있는 혼자만의 귀중한 작은 세상을 위해 존재한다.** 그렇다면 아주 어린아이든, 안락의자에 앉아 있는 노인이든, 다른 이의 도움을 받아야 하는 사람이든 간에 쓸모없는 사람은 아무도 없다. 하느님의 모습으로 창조된 인간은 존엄성을 지니고, 각자 하느님의 선물인 좋은 것을 가지고 이 세상에 온다. 그가 비록 유명하지 않더라도, 그의 무덤에 많은 화관이 쌓여 있지 않더라도 정녕코 무가치한 사람은 아무도 없다.

그러나 노인들은 종종 한숨지으며 "나는 내 생애에 아무것도 이룬 것이 없다"고 탄식하는 말을 한다. 그는 훌륭하고 유명한 사람이 되고 싶었고, 성공하고 사랑받는 사람이 되고 싶었으며, 행복하고 만족한 사람이 되기를 원했다. 그리고 어떤 특정한 위치에, 어떤 자리에 오르는 것을, 어떤 특별한 사람이 되는 것을 목표로 삼았었다. 그러나 노년에 이르러서는 이 많은 꿈들이 거의 이루어지지 않았음을 깨닫는다.

우리 모두는 큰 빛이길 소망한다. 그러나 작은 촛불이라 할지라도 아름답다! 모두 사랑스런 존재, 사랑스런 이웃일 수 있다. **나는 지금 바로 이 자리에 있는 그대로 온전히 존귀한 사람이다.** 진정 훌륭한 삶이었고, 참으로 귀중한 사람이었는지는 내가 판단할 일이 아니다. 우리는 하느님께 마지막 판단을 맡기고 작은 것으로 그리고 적은 것으로 만족한다면 보다 평온해질 수 있을 것이다.

† 나는 누구인가?

우리는 다른 사람들로부터 인정과 관심과 사랑받기를 원한다.

인정, 관심, 사랑이 인생을 보다 풍요롭게 살아가는 데 도움이 되지만 그것을 남에게 요구할 수는 없다. 그러나 사람은 다른 이들의 인정과 사랑을 받기를 원한다.

안타깝게도 오늘날 우리 사회에서는 그가 무엇을 하는 사람이며, 어떤 그룹에 속하고 있는지를 중요하게 생각하기 때문에 그에 따라 그 사람의 가치를 판단한다. 우리는 학벌을 중시해서 좋은 대학을 나오고, 공부를 많이 한 사람을 더 인정하고 우대한다. 그러나 나의 가치는 다른 사람의 가치기준으로 매겨지는 것이 아니다. 내 가치는 내가 알고 있으니 내 스스로가 다른 이의 가치판단을 받아들이지 않는다면 그 판단은 아무 의미가 없고, 또한 그런 것들이 진정 나를 행복하게 하지 않는다. 정순택 주교는 2018

년 전국 가톨릭 청소년 대회에서, 참된 행복은 새로운 가치 기준에 눈뜰 때 얻을 수 있으므로 하느님 안에서 새로운 가치의 틀을 짜야 한다고 했다. 세상적인 가치를 좇고 다른 사람의 가치 기준을 따르면 사회적으로 성공할 수 있고, 더 많이 인정받고 돈도 더 벌 수 있을지 모르지만 그것이 진정한 행복은 아니기 때문에 이 세상에서 진정으로 행복하려면 하느님 안에서 새 가치체계에 눈을 떠야 한다고 강조했다.

사람들이 고정 관념에 사로잡히는 이유는 사물이나 사건을 있는 그대로 보기보다는 먼저 판단과 정의를 내린 후 보기 때문이다. 고정 관념은 편견으로 이어지고, 편견은 사실을 과장시키거나 왜곡시킨다. 여기서 혐오감이나 차별 같은 나쁜 감정이 생긴다. 세상적인 것에 묶이면 진실을 올바로 볼 수 없다. 거짓과 위선의 어둠 속에서는 빛을 제대로 보지 못한다. 마치 유다의 지도자들이 편견과 고정 관념을 가지고 예수님을 바라보았듯이. 그들은 자신들이 먼저 판단하고 결정한 다음 예수님을 대했다. 그래서 하느님의 이름으로 행한 많은 일을 보고서도 예수님이 메시아이심을 끝내 인정하지 않았다.

나를 낮추고 남을 높이는 것은 쉬운 일이 아니다.

"너희 가운데에서 가장 높은 사람은 너희를 섬기는 사람이 되어야

한다. 누구든지 자신을 높이는 이는 낮아지고 자신을 낮추는 이는 높아질 것이다." (마태 23,11-12)

내 마음에 나는 저들보다 훨씬 뛰어나고, 저들과는 차원이 다르고, 저들을 이해할 수 없다는 관념으로 꽉 차 있지는 않는가? 우리가 특히 조심해야 할 것은 마음속에 이런 생각, 즉 내가 남보다 낫다고 생각하는 것이다. '내가 선임자이다', '내가 더 선배다', '내가 경험이 더 많다', '내가 더 많이 배웠다' 등의 마음을 갖지 말아야 한다. 이렇듯, '나'를 포장하고 있는 가치들에서 벗어나는 길은 겸손하게 마음을 비우고 '나'를 낮추는 일이다.

역설적이게도 내가 나를 낮추면 세상이 나를 높여주고, 나를 높이면 세상이 나를 낮춘다는 것이다. 예수님께서도 겸손하게 허리를 굽혀 남을 섬기는 사람이 큰사람임을 가르치셨다. 자기 자신을 낮추는 것은 다른 이보다 못나고 부족해서, 힘이 없어서 지거나 굽히는 것이 아니다. 오히려 굽히면 마음의 평화와 행복이 있다. 하지만 사람들은 보통 윗자리를 좋아하고, 사람들에게 인정받고 존경받기를 바란다. 남을 위하여 헌신적으로 봉사하는 사람들에게 찾아오는 큰 유혹 또한 남들에게서 인정과 칭찬을 기대하는 것이다.

'나 없이는 안 된다'고 생각하는 과대망상이나 유아독존에 빠진 사람들을 본다. 과대망상은 자신의 현재 상태를 터무니없이 크게 과장하여 마치 그것이 사실인 것처럼 믿는 것이고, 유아독존은 오로지 자기만이 모든 것을 잘 할 수 있다고 믿는 자만심이다. 과대망상은 자신의 열등감과 불안감을 보상받으려는 데에서 생겨난다.

다른 사람들을 존중하고 환영하며 사랑하려면, 먼저 우리의 공통적인 인간성을 인정하고 모든 인간 존재가 중요하고 고유하다는 사실을 받아들여야 한다.

우리는 남의 단점과 약점을 바라보기는 쉬워도 자기 자신의 모습을 솔직하게 바라보기는 어렵다. 그래서 남을 비판하는 데는 익숙하면서도 정작 자기 자신의 모습을 정직하게 바라보지 못한다.

상대방은 바로 자신의 내면의 거울과 같다.
상대방의 장점과 강점이 크게 보이면 자신도 행복하다. 반면에 상대방의 단점과 약점이 자꾸 보일수록 자신은 불행하다. 다른 사람의 결점이 보이는 것은 내 안에도 상대방과 같은 결점이 있기 때문이다. 주는 것 없이 밉다는 말이 있다. **별로 나와 상관이 없는 사람인데도 그 사람을 싫어하는 것은, 자신의 내면에 있는**

자신이 싫은 모습을 상대방의 행동에서 보기 때문이다. 마치 자석이 같은 자성을 띤 것끼리는 서로 밀어내는 것과 같은 원리이다. 내가 선하고 순수하면 다른 사람도 선하고 순수하게 본다. 하지만 자신 안에 더 큰 문제가 있기 때문에 상대방의 작은 결점이 보인다. 사람에 대하여 불평불만이 많은 사람일수록 더 많은 결점과 문제점을 지니고 있을 가능성이 높다. 상대방의 결점을 고쳐주지 못해 힘들거나 이 때문에 화가 나는 것은 자신의 내면을 돌아보고 청소하라는 신호이다. 자신 안에 있는 문제가 깨끗해지면 다른 사람도 아무 문제가 없어진다.

자신의 문제를 인정하는 것은 쉽지 않다. 인정한다 하더라도 문제의 책임을 다른 사람에게 돌리는 경우가 있는가 하면, 반면에 문제의 책임을 늘 자신에게 돌리며 스스로를 못난 사람, 무가치한 존재, 실패한 사람으로 여기어 자신을 비하하고 단죄하는 이들이 있다. **우리가 다른 사람들을 내 방식대로, 내 마음에 맞게 바꾸려고 하는 것은 지나친 욕심이다. 내가 옳다고 생각하는 것을 다른 사람에게 설득하려는 것은 결국 이기심이다.** 중요한 것은 내가 옳거나 그른 것이 아니라 우리가 함께 행복해하는 것이다. 그러므로 때로는 내가 옳다고 생각하는 것이라도 내려놓을 줄 알아야 한다.

"너는 어찌하여 형제의 눈 속에 있는 티는 보면서 네 눈 속에 있는 들보는 깨닫지 못하느냐? … 먼저 네 눈에서 들보를 빼내어라. 그래야 네가 형제의 눈에 있는 티를 뚜렷이 보고 빼낼 수 있을 것이다." (루카 6,39-42)

탈무드에 이런 이야기가 있다. 어떤 랍비가 제자에게 물었다. '두 아이가 굴뚝 청소를 하고 나왔는데, 한 아이의 얼굴은 시커멓게 그을려 있었고, 다른 아이의 얼굴은 그을음 하나 없이 깨끗했다. 두 아이 중 누가 얼굴을 씻었겠는가?' 제자가 대답했다. '물론 얼굴이 더러운 아이겠지요.' 랍비는 고개를 저었다. '그렇지 않네. 얼굴이 더러운 아이는 얼굴이 깨끗한 아이를 보고 자기 얼굴도 깨끗한 줄 알고 씻지 않았고, 얼굴이 깨끗한 아이는 얼굴이 더러워진 아이를 보고 자기 얼굴도 더러울 거라 생각하고 얼굴을 씻었다네.'"

행복하려면 나 자신을 이웃과 비교하지 말아야 한다.

자존감이 낮은 사람은 쉽게 자신을 다른 사람과 비교한다. 나는 하느님에 의해 태어난 유일무이한 존재다. 한 모태에서 태어난 쌍둥이라 할지라도 육체와 감정이 다르고, 정신과 영혼도 다르다. 다른 사람과 비교하여 내 행복을 측정하려 한다면 절대로 행복해질 수 없다. 나보다 더 좋은 조건이나 위치에 있는 사람, 성공한 사람과 비교하면 나 자신을 초라하고 불쌍한 존재로 느끼고 불행해한다. **내가 내 삶의 주인이어야 하는데, 남의 삶과 비교하면서 그를 부러워하고 그의 삶을 내 삶인 양 따라가려 한다면 불안하고 안전할 수 없다.**

우리는 삶의 목표를 성공이 아닌 행복에 두어야 한다. 성공하고도 행복하지 않다면, 그것이 진정한 성공일까? 런던 타임지에 가장 행복한 사람에 대해 독자로부터 모집한 내용이 게재되었는데 세상에서 행복한 사람은,

1위 - 모래성을 막 완성한 어린아이

2위 - 아기의 목욕을 시키고 난 어머니

3위 - 세밀한 공예품을 다 짜고 휘파람을 부는 목공

4위 - 어려운 수술을 성공하고 막 한 생명을 구한 의사였다.

여기에는 백만장자나 왕이 들어있지 않다. 대정치가나 혹은 인기 있는 직업에 속해 있는 사람들도 빠져 있다. 그렇다면 누가 진

정으로 행복한 사람일까? 참으로 **행복한 사람은 현재의 그 자리에서 자신의 수고를 통해 맺어지는 열매를 보고 기뻐하는 사람, 삶의 보람을 느끼는 사람이다.**

인간의 행위를 측량하시는 하느님의 저울은 인간의 저울과는 다르다. 인간의 저울로 재면 권세 있고 경제적으로 부유한 이들이 행복한 사람이다. 그러나 하느님의 저울로 재면 가난한 마음으로 하느님께 의지하며 사는 사람들이 행복한 사람들이다. (루카 1,46-53 참조)

† 나는 하느님의 작품 (에페 2,10)

석공은 돌을 조각하기 전에, 그 돌을 보면, '아, 이 돌은 무엇을 조각하면 좋겠구나!' 하는 계획이 서고, 또 '이것은 무엇을 위한 돌인지'를 직감하고 영감이 떠오른다 한다.

하느님은 나를 빚어 세상에 내보내시고는 석공의 마음으로 나를 조각하신다. 그래서 하느님이 원했던 그 모습이 나올 때마다 그것은 그분의 기쁨이요 보람이다. 그런데 그분께 기쁨이며 보람인 일이 나에겐 고통일 수 있다. 왜냐하면 작업하는 중에 그 돌이 잘려 나가고, 깨지고, 부서지는 것은 나에게 고통스럽기 때문이다. 하지만 석공이신 하느님을 기쁘게 해드리고 아름다운 작품을 만들도록 돕는 데는 나의 아픔과 고통을 감내해야만 한다. 그러

"만약 내가 한 사람의 가슴앓이를 멈추게 할 수 있다면,
만약 내가 누군가의 아픔을 쓰다듬어 줄 수 있다면
또는 고통 하나를 가라앉힐 수 있다면
또는 기진맥진 지친 한 마리 울새를 둥지로 되돌아가게 할 수 있다면
나는 헛되이 사는 것이 아니다." (에밀리 디킨슨)

므로 석공이 돌을 조각하는 것은 일방적인 석공만의 작업이 아니다. 그 돌이 점점 더 아름답게 만들어져 가는 과정에서 석공은 그런 보람과 기쁨을 느낌으로써 서로간의 일치가 이루어지고 완성되어 가는 것을 체험하게 된다.

옹기장이이신 하느님이 우리를 대하시는 방법도 이와 비슷하다. (예레 18,1-4 참조) 옹기장이는 진흙을 손으로 빚어 옹기그릇을 만드는데, 옹기그릇에 흠집이 생기면 자기 눈에 드는 다른 그릇이 나올 때까지 계속해서 그 일을 되풀이한다. 한 손으로는 안쪽에서 우리를 형성하고 다른 손으로는 바깥쪽에서 우리 모양을 만드신다. 우리는 질그릇처럼 유연해질 필요가 있다. 조금 휘어지는 방법을 안다면 부러지거나 파손되지 않을 것이다.

돌의 모양, 크기, 무게가 각각 다르듯이 옹기그릇의 모양, 크기, 무게가 각각 다르다. 옹기그릇이라 하여 모두가 똑같은 용도로 사용되지 않는 것처럼 돌이라 하여 똑같은 모양으로 만들어지지 않는다. 그러므로 하느님과 인간 서로 간에 주고받음이 있을 때 일치가 이루어지고 완성되어 하느님은 우리를 각각 당신의 목적에 따라 걸맞게 선택하신다.

노인은 젊은이들보다 가지고 있는 것이 두 가지 있는데 그것은 삶의 경험과 개인적인 성숙이다. 즉 생물학적인 발전과 영혼의 발전에 대한 체험적인 지식, 인간의 위기와 성숙의 단계, 변화에 대한 경험, 생의 도전과 과제들; 간단히 말하자면 인간의 생에 영향을 미치는 것들, 자신이 살아가면서 경험한 모든 것들이다. 이 영역에서 노인은 젊은이에게 무엇인가 줄 것이 있다. 그러므로 **노인이 젊은이와 경쟁하며 질투하고, 늙지 않으려고 애쓰는 것은 무의미하다.**

'나는 멋진 노인이 되고 싶다'는 젊은 세대들의 갈망 속에는 실제로 나이 들어서도 아름답게 사는 노인의 모델을 찾는 기대가 있다. 그러므로 오늘날 노인이 되어가고 있는 사람은 새로운 추가된 과제를 안고 있는 셈이다. 즉 '노인의 사는 모습'에서 확신을 주는, 하느님의 작품으로서의 새로운 '이미지'를 만들어야 할 과제 앞에 서 있다. 그 전제조건은 노인이 언제나 잃은 것만을 아쉬워하며 바라보지 않고, 앞을 바라보는 가운데 마지막에는 노인의 가치를 발견하는 기회가 훨씬 더 많다는 것을 잊지 않는 것이다.

품위를 잃지 않기

† 나이에 걸맞은 노년의 삶

사람들은, 특히 현대인들은 나이 들기를 싫어하고, 언제까지나 젊음을 간직하고 싶어 한다. 남녀 할 것 없이 노인들 중에는 자신이 늙었다는 사실을 외면하고 아직 한창 젊은 양 착각하고 있는 이들이 많은 것 같다. 특히 요즘 젊은 노인들이 나이에 어울리지도 않는 화려한 옷차림을 하거나 요란스럽게 꾸미는 것을 본다. 어린이가 어른의 옷을 입는다고 어른이 되지 않듯이 어른은 어른에 어울리는 옷을 입어야 하고 행동해야 하지 않을까! 요즘엔 남자들도 나이보다 더 젊게 보이려는 경향이 있어 남성용 화장품이 불티가 날 정도로 많이 팔린다고 한다.

누구나 자기가 늙었다고 생각하고 싶지 않고, 또 다른 사람에게도 그렇게 보이고 싶지 않다. 그래서 노인이 노년의 문제를 화제로 삼으려 하지 않는다. 노인이라고 하면 아프고 소외된 이들이라는 이미지가 강하다. 노화는 막을 수 없는 자연스러운 삶의 과정임으로 누구에게나 오는 것, 피할 수 없는 것이기에 자연스럽게 받아들여야 한다. 아무리 노력을 한다 해도 점차 노화되는 몸과 마음을 어찌할 수 없지만, 개인의 노력 여하에 따라 노화의 차이는 크게 다를 수 있다.

나이 40쯤이면 몸뿐 아니라 얼굴도 변한다. 그래서 자기 얼굴에 책임을 져야 한다는 말이 있다. 그 말은 얼굴관리를 잘 해서 젊게 보이라는 말이 아니다. 몸이 건강하다고 해서 얼굴이 반드시 좋은 것도 아니고, 심리적으로도 건강해야 얼굴이 좋다. 얼굴은 누구에게도 맡길 수 없는 것, 오직 자신에게만 책임이 있다. 나이들어 거칠고 주름살이 가득할지라도 마음이 편안하고 넉넉해 보이는 얼굴은 아름답다. 주어진 삶에 감사하는 마음, 다른 이와 더 이상 경쟁심을 갖지 않는 모습, 아무런 욕심 없이 자기 것에 만족하고 행복해하는 얼굴은 아름답다. 바로 이런 삶의 자세가 건강하게 그리고 장수하게 하는 요인이기도 하다.

노인들이 무엇보다 경계해야 할 위험은 이기주의이다. 노인들은 기력이 날로 쇠약해져 간다는 것을 피부로 느끼기 때문에 그 허전함을 잊기 위해 허세를 부리고 완고하게 고집을 부리며 자기만족에 빠지기 쉽다. 나이가 들면 물욕이 강해지고 물질적인 관심이 커진다. 누구나 이 세상을 떠날 때는 아무것도 가지고 갈 수 없다는 것을 알면서도 재산이나 물건을 계속 늘리고 쌓아두려고 한다. 젊었을 때는 다른 사람들을 위해 좋은 일을 많이 한 사람이라 할지라도 만년에 가서는 독선적이고 외고집을 부리는 이기주의자로 바뀔 수 있다.

자기 삶이 쓸모가 있다고 생각하거나 어떤 목적의식을 가지고 있는 것은 근본적으로 중요하다. 그러나 60대를 지나 70대에 들어서면, 삶에 의미를 주었던 많은 것을 잃게 된다. 제멋대로 살고 싶은 유혹에 빠질 수도 있고, 혹은 삶에 남은 목적이 없어 보이기 때문에 모든 노력을 포기하고 싶은 유혹에 빠질 수도 있다.

그리고 지금까지 해 오던 방식을 버리기 싫어하고 고집을 부리기 쉽다.

노인은 지금까지 별로 의미를 부여하거나 찾지도 못한 평범한 것들 안에서 갑자기 신비로움을 깨달을 수 있고, 곳곳에 숨어 있는 생명의 아름다움을 감탄하면서 삶이 얼마나 소중한 것인지 강렬하게 느끼기 시작한다. 실은 우리가 보았다고 하면서 많은 것을 보지 못했고, 들었다고 하면서도 많은 것을 듣지 못했다. 그러니 지나고 나서야 제대로 보고, 소리를 듣는다. 결국 우리가 이제까지 세상의 일부만을 보고 살았음을 깨닫게 되는데, 이런 깨달음은 종종 너무 늦게 우리를 찾아온다.

나이 든다는 것은 영적 여정이다. 그러므로 우리는 끊임없이 자신에게 이런 기본적인 질문을 해야 한다.

'나는 누구인가?' "나는 마땅히 되었어야 할 사람이 되었는가?" "지금 나는 유일한, 진정한 자기인가?"

우리 각자는 그 어떤 것으로도 내 자리를 대신할 수 없고 그 누구로도 내 삶을 대신할 수 없는 자기만의 유일한 존재로서 인생을 받아들이고 살아야 한다.

† 지혜를 나누어 줌

"지혜를 얻는 것은 금보다 좋고 예지를 얻는 것은 은보다 낫다."

(잠언 16,16)

젊었을 때와는 달리 노년에는 세상과 주변의 일들을 초연한 입장에서 바라볼 여유가 있다. 자신의 생활환경, 소유물을 거리를 두고 바라볼 수 있어 새로운 시야가 열리고, 전체를 보다 객관적으로 바라보는 가운데 핵심에 가까이 접하게 된다. 인생 경험이 풍부한 노인의 지혜는 날카로운 판단이나 박식함이 아니다. 정신적으로 완숙의 단계에 이르러 무르익어 가는 마음의 지혜이다. 마음의 지혜는 지식이나 지능보다는 인생의 모험과 절박함에서 무르익은 성숙에서 비롯된다. **노년에 지혜가 생겨나는 것은 일생 동안의 피나는 노력이 절정에 이르렀다는 것을 의미한다.**

노인은 죽기 전에 자신이 삶에서 터득한 지혜를 후대에게 남기고 싶어 한다. 또한 자신이 겪은 불운과 불행을 자손들에게 말해 줌으로써, 자신처럼 실패하지 않도록 도와주려는 배려에는 그들에게 인생의 어두운 그림자를 보거나 겪게 하고 싶지 않다는 소망이 있다. 노인은 과거의 좋은 결정과 그른 결정을 모두 지켜보았기 때문에 다른 대안이 있음을 알려 주고, 올바른 선택을 위해

도움을 줄 수 있다.

하지만 인생은 행복과 안전만으로 완성되지 않는다. 인생에는 빛과 그림자가 있다. 우리에게는 먼 훗날의 평화보다 지금 그리고 오늘 하루를 아름답게 살아가는 삶의 방식이 더 중요하고 우선적이다. 이 세상은 교훈적인 이야기보다 어리석은 자와 바보 이야기를 통해 마음의 평안을 찾고 거기서 삶을 위한 교훈과 용기를 얻을 때가 더 많다. 지혜는 기존의 방식을 고집하지 않는다.

독일에서는 히틀러 시대에 유대인들을 처형시킨 다큐멘터리 영화나 당시 실제 상황들을 TV에서 종종 방영한다. 나는 독일에서 공부할 때 이런 종류의 다큐멘터리를 보고는 소름이 끼칠 정도로 놀랍고 무서운 그 장면들을 보고 난 뒤 며칠간 밤잠을 설치거나 음식을 제대로 먹을 수 없었다. 이런 다큐멘터리를 방영하는 목적은 끔찍한 불운의 역사, 감추고 부인하고 싶은 죄악, 인간의 존엄성을 무참히 짓밟은 행위들을 직접 경험하지 못한 후대에게 거듭 상기시키기 위해서다. 그것은 바로 지난날의 큰 잘못과 실수를 겸손한 마음으로 인정하며 용서를 청하고, 두 번 다시 이런 일이 역사 안에서 반복되지 않게 하려는 의지와 교훈이 담겨 있다.

노년의 봉사는 노동의 봉사가 아니다. 깨달음과 지혜, 정신적 통찰의 봉사다. 우리보다 앞서 살았던 사람만이 우리에게 그런 것을 줄 수 있다. 지혜는 경험이 끝난 자리에서 시작되는 것이기 때문이다. 젊은 세대는 지혜를 쌓을 만큼 오래 살지도, 많은 일을 겪지도 않았기 때문에 풍부한 지혜를 기대할 수는 없다. 우리는 삶이 끝난 것 같은 그런 순간에 비로소 어떻게 사는 것이 잘 사는 것인지 깨닫게 된다. 삶의 반려자인 지혜는 하느님이 주지 않으면 달리 얻을 수 없는 하느님의 선물이다.

† 인생의 위기 극복

누군가 애지중지하는 인형의 팔을 부러뜨렸을 때 어린애가 슬피 우는 것은 당연하다. 내가 어느 날 학교에서 돌아오니 어린 조카가 심술궂게 내 인형의 팔다리를 떼어놓아서 한참동안 슬피 울었던 일이 생각난다. 친한 친구로부터 따돌림을 받았을 때 세상이 무너진 듯 눈물을 흘리는 어린이를 나는 잘 이해할 수 있다. 성장과정 중에 있는 청소년들은 그들의 걱정을 심각하게 여기고, 그것에 대해 알아주지 않는다고 불만을 표현할 수 있다.

그러나 어른은 자신이 생각한 대로 모든 것이 순조롭게 되지 않는다는 것을 알고 있고, 인생에는 위기와 도전, 성공과 실패가 있다는 것 또한 잘 알고 있다. 좋은 날들은 감사하며 누릴 줄 알고, 좋지 않은 날들은 침착하게 극복해야 한다는 것도 안다.

자기 십자가가 이 세상에서 가장 무거운 것이라고 믿고 있었던 사람에 대한 이야기가 있다. 이야기에 따르면, 그는 자기 십자가를 내려놓고 사람들이 가지고 있는 십자가들 중에서 가장 가벼운 십자가를 골라 가질 수 있는 허락을 받았다. 그 결과, 자기 십자가가 모든 십자가 중에서 가장 가벼운 것이라는 것을 알게 된 그는 다시 자기 십자가를 가지고서 집으로 돌아왔다고 한다. 우리 역시 자기가 가지고 있는 십자가가 가장 무거운 십자가라고 생각하기 때문에 불평하거나 힘들어 한다. 하지만 하느님께서는 내가 짊어질 수 있는 십자가의 무게를 잘 알고 계시기 때문에 우리가 결코 짊어질 수 없거나 견뎌낼 수 없는 무거운 십자가를 허락하지 않으신다는 것을 믿어야 한다.

교황 성 요한 23세(1881-1963)가 어느 대주교를 추기경으로 임명했다. 얼마 후 교황이 새 추기경을 영접하게 되었는데 그가 몰라볼 정도로 많이 여위었고 불안해 보였다. 교황이 그에게 잘 있느냐고 물었을 때 추기경은 잠시 머뭇거리다가 대답했다. 추기경이 된 후부터 잠을 잘 못자고, 입맛도 없고… 한 마디로 말해서, '영육으로' 잘 못 있다고 했다. 밤낮으로 교회에 대한 걱정을 하고, 힘든 시간과 마주해야 하고, 무거운 책임을 짊어지고, 방황하는 양떼를 위해 좋은 목자가 되어야 하는 것이 무척 힘들다고 했다. 그의 말을 다 듣고 난 교황은 조용히 미소 지으며, 그도 교황이 되었을 때 비슷한 상황이었다고 했다. 그는 처음에 잠을 잘 이루지 못했고, 여러 곳에서 해야 할 일들과 할 수 없는 과제들이 쌓여 있음을 보았다. 그러나 지금은 많이 나아졌다. 그래서 이제는 다시 잘 자고, 아침에는 편안한 마음으로 일어날 수 있다고 했다. 그러자 추기경은 교황이 혹시 저녁에 무슨 약이라도 드시는지 물었다. 교황은 아무것도 먹지 않는다고 말하고 미소 지으며, 내가 어느 날 밤에 잠에서 깨어 그냥 자리에 누워있는데 "조반니(교황의 세례명), 너를 너무 중요하게 생각하지 마라!" 하는 수호천사의 말을 들었다고 했다.

교황과 추기경이 만나서 나눈 이 이야기가 사실 여부를 떠나서라도 생각해 볼 여지가 있다고 생각된다. 이 이야기를 너무 심각하게 받아들이거나 치밀하게 분석하는 이들은, 교황에게 충고한 "수호천사의 말"을 못마땅하게 여기면서, 그것은 교황이 사목직을 진지하게 받아들이지 않는 것이고, 그가 경솔하다는 것을 말해 주는 것이라고 비난할지도 모른다. 그러나 이 이야기는 우리가 모든 것을 그저 흘러가도록 내버려두고, 아무것도 진지하게 받아들이지 말라는 뜻이 아니다. 교황 성 요한 23세가 의도한 바는 틀림없이 그런 것이 아니었다. 그러기 위해서 그는 너무나 양심적인 사람이었다. 교황은 우리가 자신의 위치와 개인의 문제를 너무 심각하게 생각하지 말아야 한다고 말하고 싶었던 것이다.

우리는 종종 자신을 너무나 중요하게 생각하여 나만이 모든 것을 할 수 있고 또 내가 해야만 한다고 생각하지는 않는가? "어떤 사람이 땅에 씨를 뿌려 놓으면, 밤에 자는 동안에도 싹이 자란다."(마르 4,26-29)

우리 주변에는 모든 것을 지나치게 비관적으로 받아들이는 사람들이 있다. 이들은 자기가 생각하고 계획한 일이 그대로 이루어지지 않거나 위기와 도전을 당하거나 실패를 하면 당장 하늘이 무너지듯이 좌절한다. 우리가 하는 모든 일이 다 내 뜻대로 잘 될 것이라고 누가? 어떻게? 보증할 수 있으며 또 미리 알 수 있는가? 모든 것은 '때'가 있다. (요한 2,4) 우리는 자신의 삶뿐 아니라 타인의 삶 속에서도 언제나 보다 긍정적으로 볼 수 있는 마음과 눈이 필요하다.

† 신앙을 더욱 굳건히

오늘날 부모들은 자녀들의 교육에 지대한 관심을 가지고 있지만 신앙교육에는 무관심하다. 그러나 조부모들은 손자녀들의 신앙교육에 큰 관심을 가지고 있으므로 그들에게 신앙을 연결해 줄 수 있는 고리라고 교황 프란치스코는 2020년 1월에 노인사목 회의 참석자들에게 강력하게 말씀하셨다.

"70이 되어서야 비로소 인생은 참으로 흥미로워진다"는 말이 있다. 이는 하느님께서 모든 것을 훌륭하게, 선으로 "인도하셨다는 것"을, 사막을 통한 길에서도 의미가 있었음을, 우리가 살아 온 40년 혹은 50년의 세월을 마이너스로 생각했었는데 실은 플러스이었음을, 파멸처럼 보인 시작이, 손실로 체험한 것이 실은 이득이었음을, 도전을 받아들이는 자만이 성장할 수 있고, 깨달을 수 있다는 것을 말하고 있는 것이다.

인생에는 위기와 도전, 근심과 걱정, 좌절과 대립, 두려움과 공포의 순간이 있다. 신앙인의 삶이 믿지 않는 이의 삶과 별로 다를 바 없어 보일지라도 그에게는 보이지 않는 영원을 향한 갈망과 믿음이 있다. 신앙이 없다면 우리의 삶은 공허하고 지루한 일상의 연속에 지나지 않을 것이고 별다른 성취감도 없이 그저 하루하루를 살아가게 될 것이다. 그러나 **신앙이 있다면 날마다 반복되는 일상의 아주 사소한 일에도 삶에 깊은 의미를 갖게 된다.**

삶의 위기가 언제 어떤 형태로 닥치더라도 그것을 극복해 나갈 수 있는 것은 신앙의 힘이다. 신앙인은 하느님이 항상, 어떤 상황에서도 그와 함께 계심을 믿기 때문이다. 비록 고통과 실패, 죄와 절망, 위험과 유혹에 빠질지라도 신앙인은 다시금 하느님을 찾으며 그분의 도우심과 은총을 간청한다. 자신이 무가치하게 느껴질지라도 하느님께 자신을 내맡길 수 있는 신앙은 우리의 윤리적, 정신적 평형을 바로잡아 주는 받침대이다. 악과 죄, 불의와 고통, 죽음 앞에서도 좌절하지 않고, 하느님께 대한 신뢰와 확신이 흔들리지 않는 신앙은 하느님이 우리 인간에게 주는 사랑의 큰 선물이다!

신앙은 하느님이 우리 존재 깊은 곳에 계시며, 거룩한 섭리라는 신비로운 방법을 통해 절망과 위기에서도 돌파구를 마련해 주신다는 신념이 자리 잡고 있기 때문에 결코 좌절하거나 낙담하지 않는다. 이런 체험과 확신은 큰 절망과 위기를 통해 신비로운 방법으로 하느님의 도우심이나 오묘한 섭리를 체험한 자만이 얻을 수 있는 은총이다. 그렇다고 해서 우리가 아무 노력도 하지 않고 하느님이 모든 것을 해결해 주시리라 생각하며 안일에 빠지는 것은 신앙이 아니다.

신앙은 늙어가면서 겪는 불안에 안정을 주며, 기댈 곳 없는 상황에서 기둥이 되어 주고, 늙어가며 부서지기 쉬운 것에 단단함을 준다.

의외로 노년에 신앙의 위기를 맞는 그리스도인이 많다. 그러나 노년의 의심은 신앙을 위해 더 깊은 토대를 마련하라는 요청으로 받아들여야 한다. 하느님께서 지혜를 주지 않으시면 하느님의 뜻을 깨달을 수 없다. 그러므로 우리는 하느님의 마음에 드는 것이 무엇인지 깨닫게 해 주시기를 항상 청해야 한다.

주여, 거룩한 하늘에서 지혜를 보내 주소서.

지혜가 나의 곁에 나와 함께 있게 하시고,

당신 뜻에 맞갖은 것이 무엇인지 알게 하소서. (지혜 9,9-11 참조)

벗어나기

† 놓아버리기

손을 펴는 것은 모든 것을 받아들이겠다는 것을 의미하지만 두 손을 주먹으로 쥐는 것은 결의를 다짐하는 표시이거나 어떤 뜻을 이루겠다는 실행의 표시이다. 그것은 인간적인 의지로 무엇을 이루겠다는 표시이기도 하다. 그러나 손을 편다는 것은 무엇을 맡긴다거나 받아들인다는 수용의 자세이며 평화의 표시이기도 하다. 움켜쥐지 않고 손을 펴고서 내려놓는 것은 체념이 아니다. 손은 펼치면 온 우주를 품을 수 있지만 오므리면 한 점 바람도 머물지 못한다. 마음도 이와 같다. **우리가 손을 펴고 놓아버리는 것은 하느님께 모든 것을 맡기고, 모든 것을 하느님으로부터 받아들임으로써 하느님과 하나 되고자 하는 갈망이다.** 자아를 버리는 것은 하느님과 하나 되기 위한 전제 조건이다.

젊었을 때에는 많은 것을 얻기 위해서 힘을 썼지만, 이제 나이가 들면서는 서서히 놓게 된다. 젊었을 때 치열하게 사는 법을 배우지 못한 사람은 늙어서 아무것도 놓을 수 없다고 **융**은 말한다.

헤르만 헤세는 '놓아버리기'를 '자기 내어주기' 또는 '자기희생'이라고 했다. 젊었을 때는 자신을 진지하게 받아들이는 것이 필요하지만 늙어서는 자기를 희생할 수 있어야 한다. 젊은이의 과제, 동경, 의무는 그 '무엇'이 되는 것이다. 이와는 달리 성숙한 사람의 과제는 자기를 내어주는 일, '무엇'이 되기를 그만두는 일이다.

법정 스님은 '버리고 떠난다는 것'은 낡은 생각에서, 낡은 생활 습관에서 떨치고 나오라는 것이며, 곧 '자기답게 사는 것'이라고 했다. 노인은 지금까지 종사하던 직업이나 일을 놓아야 한다. 특히 노년에 더 많은 것을 놓아버리고, 내어주고, 자기희생을 해야 하고, 이제 더 이상 '무엇이 되기를 그만두어야 하는 것'은 무척 힘든 일이다. 나이가 들면 놓아버리기가 점점 더 어려워지고 고통스러워지기 때문이다. 그러므로 젊은 시절에 놓는 연습을 부지런히 해야만 노년에도 놓을 수 있다. 노년에는 재산, 건강, 권력, 명예, 관계, 자아를 놓아버려야 한다.(법정, 홀로 있는 시간 참조)

더 많이 갖는 것이 행복한 삶은 아니다. 인간다운 삶은 더욱 아니다. 따라서 우리에게 더욱 절실한 것은 '무엇을 소유하느냐?'가 아니라, '어떻게 하면 인간답게 사는가?' 하는 문제이다. 과도한 소유욕과 무절제한 낭비는 영적 빈곤에 이르게 하는데, 이는 인간다운 삶이 아니다. 마음이 현세의 온갖 욕망으로만 가득하다면 얼마나 묶여 있는 존재일까. 그래서 마음을 비워야 한다. 명상과 기도는 마음을 비우는 데 도움이 된다.

† 재산에 집착하지 않기

우리는 물질이 풍부한 시대에 살면서 소유의 욕심을 버리기가 무척 어려운 일이라는 것을 실감한다. 하지만 보답을 바라지 않는 선행과 아낌없는 나눔으로 사람들의 가슴속에 남아 있는 기억은 영원하다. 이렇게 쌓아 놓은 보화는 결코 썩지 않는다. 이기심과 욕심을 극복한 정화된 사랑이 담겨 있기 때문이다. 이기심과 욕심으로 가득 찬 마음, 오그라들어 옹졸하고 인색해진 마음, 재물에 대한 탐욕과 집착은 하느님 나라에 들어가는 것을 막는다.

부자 청년은 기본적인 계명을 잘 지키며 윤리적으로도 결함이 없는 사람이었다. 그러나 그가 가진 재산을 팔아 가난한 이들에게 주라는 예수님의 말씀은 받아들일 수가 없었다. 재물에 대한 애착이 컸기 때문이다. 땀 흘려 성실히 노력해서 얻은 재물은 좋은 것이다. 그러나 재물에 대한 집착은 하늘나라에 들어가는 데

걸림돌이 된다. 재물은 삶의 방편이지 목적 자체가 아니다. 사람이 재물에 대한 애착이 심하면 재물의 노예가 된다. 풍요로운 삶은 재물의 축적만으로 이루어지는 것이 아니다. 재물을 많이 가질수록 욕심과 걱정이 늘어간다. **가진 것이 얼마인지가 중요한 것이 아니라 가진 것으로 무엇을 하는지가 중요하다.**

가진 것을 아무리 움켜쥐어도 죽을 때에는 빈손으로 가지만, 그것을 남에게 주어 사랑의 흔적을 남기면 그 사람은 영원히 다른 이의 가슴 속에 남아 있게 된다. 가진 것이 많은 사람이 부자가 아니다. 가진 것을 나누어 하늘에 보화를 쌓는 사람이 참부자이다. **참으로 부요한 사람은 그 무엇에도 소유당하지 않는 사람이다.**

알렉산더 대왕은 죽기 전에, "내가 죽게 되면 손을 관 밖으로 꺼내 주시오. 천하를 손에 쥐었던 자도 죽을 때에는 결국 '빈손'으로 간다는 것을 보여주고자 하는 것이오."라는 유언을 남겼다. 사람은 한평생 살면서 모았던 재물, 명예, 권력을 죽을 때에는 모두 놓고 간다. 죽을 때에 아무것도 가지고 갈 수 없다는 것은 누구나 아는 평범한 진리이다. **코헬렛**은 권력의 무상함(4,13-16), 재물과 그 위험(5,9-19), 만족할 수 없는 인생(6,7-12)에 대해 말하고 있다. 조용한 시간에 이 대목들을 읽으면서 묵상하기를 권한다.

언젠가 TV에서 '경주의 최 부잣집'을 소개한 적이 있다. 최 부잣집 가문의 마지막 부자는 가진 재산을 모두 사회에 내놓았다. 그는 "재물은 똥오줌과 같아서 한곳에 모아 두면 악취가 나서 견딜 수 없지만, 골고루 사방에 뿌리면 거름이 된다."는 어느 노스님의 말씀을 듣고서 이 말씀을 평생 잊지 않았다고 한다. 우리는 종종 TV나 신문을 통해서 가난한 노인이 수십 년간 길거리에서 주위 모은 헌 상자와 종이들을 팔아 모은 거액을 자신보다 더 가난한 이를 위해서 혹은 도움을 필요로 하는 이를 위해 선뜻 내어놓았다는 소식을 듣는다. 그럴 때마다 나는 언제나 깊은 감동을 받는다. 그뿐 아니라 한국 가톨릭교회가 사후에 장기기증, 안구기증을 장려함으로써 많은 이들에게 새로이 생명과 빛을 주고 있다는 것도 그 얼마나 값진 일인가!

재산에 집착하고 인색하여 한 푼도 내어줄 줄 모르는 사람, 행복만은 돈으로 해결할 수 없는데 돈으로 인생의 허전함을 메우려 하는 사람들은 우리 주변에 얼마든지 있다. 노년에 재산을 놓을 줄 아는 사람, 가난한 사람에게 나눠주고 자식들에게 넘겨주는 사람은 자유로워진다. 무소유는 아무것도 소유하지 않는 것이 아니라 가지고 있는 것에 대해 집착하지 않는 것이다. 버리고 떠날 수 있을 때 우리는 자유로워지고, 자신을 하느님 손에 더 쉽게 내맡길 수 있게 된다.

"어떤 사람이 예수님께 다가와, '스승님, 제가 영원한 생명을 얻으려면 무슨 선한 일을 해야 합니까?' 하고 물었다. 그러자 예수님은 '네가 생명에 들어가려면 계명들을 지켜라.' 하고 말씀하셨다. '그런 것들은 제가 다 지켜 왔습니다. 아직도 무엇이 부족합니까?' 하고 그 젊은이가 되물었다. '가서 너의 재산을 팔아 가난한 이들에게 주어라. 그러면 네가 하늘에서 보물을 차지하게 될 것이다.' 라고 말씀하셨다. 그러나 그 젊은이는 이 말씀을 듣고 슬퍼하며 떠나갔다. 그가 많은 재물을 가지고 있었기 때문이다." (마태 19,16-22)

† 건강에 매달리지 않기

불교에서는 영원히 젊고 건강하게 부자로 살고 싶어 하는 집착 자체를 깨달음의 걸림돌이 된다고 했고, 도교에서는 신선이 되면 오랫동안 건강하게 산다고 한다. 유교에서는 노인을 존중하고 나이 먹는 것을 좋게 보았지만, 현대에는 그 영향력을 상실하게 된 것 같다.

오늘날 의술이 날로 발전하고 위생시설을 포함한 공공위생이 많이 개선되고 있다. 이에 따라 일반적으로 건강과 영양 상태가 좋아지면서 평균 수명이 늘어나고 있다.

이러한 현실 속에서 나날이 홀로 모든 것을 스스로 힘겹게 해결하면서 살아야 하는 고령의 노인들은 자신의 건강을 스스로 염려해야만 하는 강박감을 가지고 있다. 건강하게 살고, 건강을 염려하는 것은 좋은 일이기도 하고 필요하지만 건강에 지나치게 집착해서는 안 된다. 그런 이들은 일상의 모든 생각과 행동이 마치 건강에만 달려 있는 것처럼 신경을 쓰고, 건강을 재산처럼 붙잡고 싶어 한다. 하루 종일 건강만 생각하고 사는 사람이 과연 기쁘게 살 수 있겠는가?

101세까지 살았던 일본인 **시바타 도요**는 아흔이 넘는 나이에 시를 쓰기 시작했다. 시를 쓰면서 인생에 괴롭고 슬픈 일만 있는 것이 아니라는 사실을 알게 되었다고 말하면서 건강하지 않은 나이에 매일 아침 일어나는 것이 정말 괴로웠다고 고백하였다. 2010년에 처음 출판된 시집 『약해지지 마』〈나의 쾌적 – 아침은 반드시 온다.〉에서 "혼자서 외로워도 평소 이렇게 생각하려고 노력합니다. '인생이란 언제라도 지금부터야. 누구에게나 아침은 반드시 찾아온다.' 라고 말입니다. 혼자 산 지 20년, 저는 잘 살고 있습니다."라는 말로 끝을 맺고 있다.

건강을 위해 좋다는 음식이나 영양제는 무엇이나 가리지 않고 찾아 먹고, 건강에 좋지 않다는 음식은 무조건 거부하는 사람, 모든 관심을 먹는 것에 집중하는 사람, 조금만 몸이 불편해도 곧바로 병원으로 가는 사람은 건강에 너무 집착하기 때문에 불안 속에서 살아간다. 물론 건강에 유의해야 하지만 과하면 좋지 않다. 건강하려고 아무리 노력한다 해도 우리 모두는 예외 없이 언젠가는 늙고 병들기 마련이다.

노인은 다른 이들에게 자신의 병에 대한 이야기를 즐겨 하는 것처럼 보인다. 더구나 노인들끼리 모이면 빠질 수 없는 대화 주제는 병, 건강이다. 건강만 숭배하는 사람은 오히려 끊임없는 불안에 싸여 결국 건강을 잃을 수도 있다. 건강에 대한 이야기보다는 좀 더 흥미 있는 주제에 대해 이야기한다면 더욱 살맛이 나지 않을까!

† 관계에 집착하지 않기

노년에는 인간관계가 좁아진다. 형제, 친척, 친지들이 먼저 세상을 떠나고, 자식들과도 왕래가 드물다. 사랑하는 사람을 잃은 후에도 너무 매달려 있어서 그를 제대로 떠나보내지 못하는 사람이 있다. 물론 사랑하는 사람을, 특히 오랜 세월을 함께 살았던 배우자를 잃는 것은 매우 고통스런 일이다. 하지만 죽은 사람에게 집착하지 않고 놓아주며, 진정 마음속에서 떠나보내야만 그와 새로운 관계를 맺을 수 있다. 그렇게 되기까지는 물론 긴 시간 이별의 슬픔과 고통을 견뎌내야만 한다.

노년에는 비단 죽은 사람에게만이 아니라 아직 살아 있는 사람, 내게 큰 의미가 있고 소중한 사람에게조차 집착하지 말아야 한다. 아무리 사랑하는 사이라도 오랜 시간 너무 가까이 있으면 힘들어진다. 그래서 어느 정도 거리를 두는 것이 필요하다. 사랑에 집착하면 그 안에는 항상 이기적인 부분이 있다. 참으로 사랑하는 사람은 상대방을 놓아주고, 기다리고, 자유롭게 한다.

노년에는 마음을 붙잡고 있던 것에 집착하지 않고 내려놓을 때 진정 자유로운 사람이 된다. 그러므로 노인은 집착하고 있던 것을 놓아버려야 했을 때 슬퍼하지 말고 그 안에서 하느님이 역사

"의인은 야자나무처럼 돋아나고, 레바논의 향백나무처럼 자라리라.
주님의 집에 심겨, 우리 하느님의 앞뜰에서 돋아나리라.
늙어서도 열매 맺으며, 수액이 많고 싱싱하리니,
주님께서 올곧으심을 알리기 위함이라네.
나의 반석이신 그분께는 불의가 없다네." (시편 92,13-16)

하고 계심을, 그분의 뜻을 알아듣도록 해야 한다. 이렇듯 자아를 버리는 일은 뼈아픈 고통이다. 우리 인생을 꽃이 만발한 아름다운 정원으로 가꾸기 위해서는 고통과 아픔이라는 거름이 그 밑바닥에 충분히 깔려 있어야 한다. 우리가 진정 주님을 따르려면 애착, 집착하는 마음을 버리고 지난날의 삶을 떠나야 하고, 주님을 만나려면 옛것을 잃어야만 한다. 받아들이고 놓아버리는 데 성공한 사람은 노년에 풍성한 열매를 거둔다!

† 자유로워지기

요양원에서 살고 있는 한 할아버지에게, 혼자 지내는 것이 적적하지 않은지 물어보았다. 할아버지는 이같이 대답했다. "저는 결혼도 해봤고 자식도 있지요. 한 가지 아쉬움이 있다면 집사람을 먼저 보낸 것이지요. 남은 시간은 책 몇 권 머리맡에 두고 고요히 살고 싶습니다. 이 집을 둘러싼 자연의 아름다움을 즐길 수 있는 것만으로도 축복이지요. 지난날들에 대해 감사할 수 있다면, 남은 날들에 대해 따사로움을 느낄 수 있다면 그보다 더 행복한 노년이 있겠습니까? 그 이상을 바란다면 오히려 노년을 비참하게 하는 그릇된 욕망이지요."(이정옥, 반만 버려도 행복하다, 173쪽)

할아버지의 이 대답을 간접적으로나마 듣는 순간에 나는 가슴이 찡했다. 현대의 여러 가지 유혹들과 그릇된 욕망에 사로잡혀 평화로운 노년을 보내지 못하고 있는 노인들에 비해 이 할아버지는 얼마나 품위 있게 노년을 받아들이고 있는가! 그는 지난날들을 감사하고, 현재 삶을 축복으로 여기면서 행복해하고 있으니 말이다. 그렇다! 인간이 자신과 자신의 계획안에 갇혀 있고 집착하는 것은, 명성과 영광이 영원한 것처럼 매달리는 것은, 마치 자신이 하느님인 양 그런 착각과 환상의 세계에서 살아가는 것이기에 아주 위험한 일이다.

푸른 하늘에 한 마리 새가 비상을 하고 있다. 아주 힘찬 날갯짓으로 자유롭게 또렷한 눈빛으로 높이높이 날아가고 있다. 높이 날아가는 새는 멀리 본다. 높이 날기 위해서는 아무것에도 묶여 있지 않아야 한다. 가느다란 실에라도 묶여 있다면 날 수 없다. 우리 영혼도 이처럼 움켜쥐고 있던 것을 놓고, 그 어느 것에도 묶여 있지 않아야만 비상이 가능하다. 높이 날면 많은 것을 볼 수 있다. 그러기 위해서는 다 맡기고 앞만 보고 날아가야 한다. 모두 맡길 때 자유로워진다. 자유로운 자만이 높이 날 수 있고, 또 멀리 그리고 깊이 볼 수 있다. 그러니 자유로워지려면 그 무엇에도 매이지 말아야 한다.

한 영혼이 높은 이상으로 고양되기 위해서는 불의 단련이 필요하고 그 불의 단련을 견뎌낸 자만이 높은 이상의 날개를 달 수 있다. 밑바닥까지 내려가서 고통을 당해 보고, 육체적으로 정신적으로 고통을 당하고 고생을 겪어 본 영혼, 무엇이 비참하고 비인간적인가를 아는 영혼, 이 모든 것을 겪은 영혼이 높은 비상의 날개를 달 수 있다. 결코 평탄한 길이 아닌 가시밭길을 피 흘리며 걸어간 자, 눈물을 흘리면서 인내하고 또 인내하며 걸어간 자, 그 마지막 길에 이른 자만이 승리의 월계관이 씌워질 것이다. 그러기 위해서 우리는 **장자의 가르침**대로 **빈 배**가 되어야만 한다.

타고 있는 배를 비워야 하고, 그 배 안에서 무엇을 발견하더라도 아무것도 남아 있지 않을 때까지 물속에 집어던져 비워야 한다.
전체를 받기 위해서는 모든 것이 비어 있어야 한다.
오직 그때만이 전체를 받을 수 있다.
이 텅 빔은 축복이다. 이 없음은 은총이다.
하나의 빈 배가 되어 저 넓은 세상으로 나아가라.
그때 삶의 모든 축복과, 존재 안에서 가능한 모든 은총이 그대의 것이 될 것이다.
오직 이 한 가지 사실만을 기억하라. 그대는 빈 배가 되어야만 한다는 것을!

장자의 이 가르침에 무엇을 더 보태서 말하는 것은 무익하다. 노년에 **받아들이고 ─ 놓아버리고 ─ 비우기**를 실천하는 사람은 하느님 안에서 **평화와 자유, 축복과 은총**이 충만한 **만년**을 살게 될 것이다.

두려워하지 않기

나이가 들수록 삶의 마지막 단계에 이를수록 우리에게는 죽음을 준비시키는 잃어버림과 이별이 있고, 이것들은 두려움과 슬픔, 불안을 느끼게 한다. 나이가 들수록 육체적인 활동에 한계를 분명하게 느끼면서 늙어감, 시간제약, 한계와 자신의 죽음을 의식하게 되고 마음속에 두려움을 느낀다. 전형적인 두려움은 육체적, 정신적으로 더 이상 일할 수 없다는 것이다. 힘이 줄어들고, 건강은 쇠잔하고, 기억이 약해지는가 하면, 일하는 속도가 점점 느려지고 시간이 걸린다. 허리가 아파 책상 앞에 오래 앉아 있는 것이 힘들어지고, 시간이 더 걸리는 데도 일을 급히 하려고 서두른다. 이제는 갈등을 마주할 여력이 없다. 가까운 친구들이 곁을 떠나간다. 또 다른 걱정은 병이 들어, 고통과 아픔을 견뎌야만 할지도 모른다는 막연한 두려움이다. 이와 같은 두려움은 누구나 나이 들면서 느끼는 것이다. 다만 그 두려움을 어떻게 극복하는가가 중요하다.

† 두려움과 마주하기

대체적으로 노인들이 두려워하는 것은 건강에 대한 걱정, 삶에 대한 불안, 경제적인 이유로 인한 생존에 대한 불안 등이다.

나이가 들어갈수록 몸과 체력의 한계를 느끼는 것은 당연하다. 자신이 이러한 한계를 안고 사는 법을 배워야 하는 것 말고 다른 방법이 있을까? 한탄하고 불평하고 억압하는 것은 적절한 대응이 아니다. 하지만 그저 조용히 담담하게 자신의 한계를 인정한다는 것은 말처럼 그리 단순하고 쉬운 일이 아니다.

독일의 유명한 신학자 칼 라너는 죽기 몇 달 전에 그의 80세 마지막 생일을 맞이하여 죽음에 대한 강연을 했다. 그는 유명한 신학자로서 평소에 죽음에 관심이 많았고 다수의 책을 썼다. 그러므로 그는 틀림없이 자신의 죽음에 대해서도 생각을 많이 했을 것이다. 그의 말대로 그는 평화롭고 맑은 정신 상태에서 죽음을 맞이하기를 원했다. 그러나 죽음이 그에게 다가왔을 때 그 역시 죽음에 대한 두려움을 느꼈다.

요즘엔 예전과 달리 많은 중년 부모들이 자식들에게 온 재산을 물려주기보다 자신들의 노후대책을 마련하여 혼자서라도 살 수 있는 준비를 일찌감치 하고 있다. 그렇다고 나이가 들면서 불확실한 미래에 대한 두려움이 없어지는 것은 아니다. 우리가 필요

"주님께서 나를 위하시니 나는 두렵지 않네.
사람이 나에게 무엇을 할 수 있으랴?
주님은 나를 도우시는 분이시니.
주님께 피신함이 더 낫네, 사람을 믿기보다.
주님께 피신함이 더 낫네, 제후들을 믿기보다.
주님은 나의 힘, 나의 굳셈,
나에게 구원이 되어 주셨네." (시편 118,6-9,14)

한 준비를 다 했을지라도 인간의 힘으로 더 이상 할 수 없는 한계에 부딪칠 수 있고, 예상치 못한 일들이 일어날 수도 있다. 그러므로 두려움을 극복하기 위해서는 억압하거나 피하지 말고, 그 두려움을 마주보고 들여다보며, 그 두려움에 어떻게 반응할 것인지 자문하고 가능한 방법을 모색하는 것이 도움이 될 것이다.

† 하느님께 신뢰하고 맡기기

"만군의 주님, 당신을 신뢰하는 사람은 행복합니다!"(시편 84,13)

외로움은 본시 인간의 가장 깊은 고통이다. 인간의 운명은 종종 새장 안의 새와 비교된다. 새는 하늘을 날아다니도록 창조되었기에 밖으로 날아가려고 끊임없이 창살을 쪼아댄다. 그래서 새장 안의 새처럼 갇힌 존재는 자신의 한계를 인식하고, 그 한계를 넘어서려고 고투한다. 한계를 한계로서 느끼는 것은 한계를 넘어서는 세상에 기본목표를 겨냥하고 있음을 뜻한다.

인간은 실존적인 외로움 안에서 **하느님**을 향해 창조되었다. 그러므로 인간의 행복은 **하느님**과의 만남으로 누릴 수 있다. 이미 고대 그리스의 철학자 **아리스토텔레스**는 "모든 인간은 저마다 행복을 바란다."고 했다. 오늘까지도 행복에 대한 갈망은 지속되고 있다.

아우구스티누스 성인은 인간에게 하느님 없는 궁극적인 행복
은 있을 수 없다는 것을 깨달았기 때문에 인간의 근원적인 동경
을 그의 『고백록』에서 이같이 말한다.

"늦게야 당신을 사랑했습니다.
이렇듯 오랜, 이렇듯 새로운 아름다움이시여,
늦게야 당신을 사랑했습니다.
제 안에 당신이 계시거늘
저는 제 밖에서 서성이며 당신을 찾았나이다….
당신 안에서 안정을 찾기까지
우리 마음은 불안합니다."

깊은 외로움 속에서 솟아나는 동경은 존재의 근원에서 사랑과
보호를 향하고 있다. 인격적인 **나 - 인간은 절대자 하느님**을 목표
로 삼고 있다. 그래서 인간은 인격적인 하느님과의 만남을 동경
한다. 그는 마음의 고요 안에서 들려오는 사랑스런 말을, 자유로
인도하는 하느님의 동반을 갈망한다. 그러므로 모든 종교는 절대
자와의 인격적인 만남을 체험하도록 돕는다. 유대인들은 야훼 하
느님과의 계약 안에서, 불교 신도들은 붓다를 통해서, 모슬렘은

알라를 통해서. 우리 그리스도인들은 예수 그리스도를 통해서 하느님의 구원을 체험한다. 이 구원의 체험이 우리에게 신뢰를 주고, 신뢰는 우리를 외로움에서 해방시킨다.

> "그리스도께서는 우리를 자유롭게 하시려고 해방시켜 주셨습니다. 우리가 성령의 인도를 받으면 우리는 자유로운 사람입니다."
>
> (갈라 5,1.18)

우리는 구원자이신 하느님께 신뢰함으로써 근원적인 공포에서 해방되었다. 오직 **하느님**만이 작은 **나**(자아) 안에 갇혀 있는 나를 해방시킬 수 있다. 이 신뢰는 무조건적인 **자기 맡김**이다. 이것은 **믿음**, 곧 **신앙**이다. "믿는다"는 것은 곧 마음을 주는 것, 내면에서 자신을 완전히 여는 것을 뜻한다. 우리는 신앙 안에서, 즉 그리스도 안에서 우리를 자유롭게 하는 하느님께 온전히 신뢰한다. 그것은 역사의 인물에 집착하는 것이 아니라 그리스도를 통해 현재 내 안에서 함께 동반하고 자유롭게 되기 위한 것이다. **그리스도는 여기 그리고 지금 우리와 함께 계시는 하느님**을 위한 이름이다. 우리의 삶은 그리스도를 통해서 펼쳐지고, 우리의 미래는 그리스도를 향해 형성되고, 우리의 존재는 그리스도 안에서 실현된다.

"하느님께서 우리의 피난처와 힘이 되시어
어려울 때마다 늘 도우셨기에
우리는 두려워하지 않네, 땅이 뒤흔들린다 해도
산들이 바다 깊은 곳으로 빠져든다 해도
바닷물이 우짖으며 소용돌이치고
그 위력에 산들이 떤다 해도." (시편 46,1-4)

"나를 따르는 이는 어둠 속을 걷지 않고 생명의 빛을 얻을 것입니다."(요한 8,12)

우리는 빛과 은총에 대한 깊은 동경을 느끼는가? 우리 삶 안에서 하느님이 언제 가까이 계심을 체험하였는가? 그리스도께서 사랑으로 내 삶의 여정을 동행하고 계심을 믿고 그분을 깊이 신뢰하며 그분과 함께 걸어가자! 하느님을 신뢰한다는 것은 하느님의 사랑을 믿으며 하느님을 사랑하는 것이다. 믿음은 하느님의 사랑에 나를 온전히 내맡기는 것이다.

우리가 하느님과 충만한 친교를 나누며 살기 위해서, 때로 우리 존재의 가장 깊은 심연에까지 떨어지는 경험을 하게 되는 것은 매우 고통스러운 일이지만 유익하다. 그 밑바닥에서 다시 떠올라 살아있을 수 있기 때문이다. 외로움은 인간들과의 접촉만으로 치유될 수 없으나 실재와 접촉할 때에 비로소 치유된다. 우리가 고통과 어려움을 겪을 때 할 수 있는 일은 오직 하느님의 사랑을 굳게 믿으며 그분께 온전히 신뢰하고, 우리 자신을 온전히 내맡기면서 인내와 기도 중에 그분 곁에 머무는 것이다. 앞이 보이지 않을 만큼 깊은 어둠과 좌절 속에서라도 희망을 가지고 하느님의 사랑을 믿으며 신뢰하는 것은 결코 쉬운 일이 아니다.

어릴 때 부모로부터 버림을 받았거나 가까운 이들로부터 따돌림을 받으며 성장한 사람은 어른이 되어서도 자존감, 자신감이 없거나 약해서 타인을 신뢰하기가 힘들다. 하지만 우리는 하느님께 끊임없이 신뢰하며 자신을 맡기는 것을 배워야 한다. 우리가 하느님께 신뢰하고 의탁할 때 마음의 평화와 평정을 누릴 수 있으며 다른 사람을 또한 신뢰할 수 있다.

진정 사랑을 아는 사람은 더 이상 없어지고 말 것을 소유하려고 욕심을 부리지 않는다. 우리는 좀과 녹이 망가뜨리는 보물을 쌓아두지 말고 하느님 안에서 안전한 보물을 쌓으려 노력해야 한다.

"너희는 자신을 위하여 보물을 땅에 쌓아 두지 마라… 하늘에 보물을 쌓아라. 거기에서는 좀도 녹도 망가뜨리지 못하고, 도둑들이 뚫고 들어오지 못하며 훔쳐 가지도 못한다." (마태 6,19-20)

† 걱정하지 않기

이 세상에서 아무 걱정 없이 살아가는 사람이 과연 있을까? 특히 노인들은 많은 것을 염려하고 걱정하며 살아간다. 마치 하루도 근심, 걱정 없이는 살아갈 수 없는 것처럼 걱정거리가 끊이지 않고 마음마저 편치 않다. 우리는 일상생활에서 부질없는 걱정, 터무니없는 걱정을 할 때가 많다.

"목숨을 부지하려고 무엇을 먹을까, 무엇을 마실까,
또 몸을 보호하려고 무엇을 입을까 걱정하지 마라.
목숨이 음식보다 소중하고 몸이 옷보다 소중하지 않으냐?
하늘의 새들을 눈여겨 보아라.
그것들은 씨를 뿌리지도 않고 거두지도 않을 뿐만 아니라
곳간에 모아들이지도 않는다.
그러나 하늘의 너희 아버지께서는 그것들을 먹여 주신다.
너희는 그것들보다 더 귀하지 않으냐?
너희 가운데 누가 걱정한다고 해서 자기 수명을
조금이라도 늘릴 수 있느냐?
내일을 걱정하지 마라. 내일 걱정은 내일이 할 것이다.
그날 고생은 그날로 충분하다." (마태 6,25- 27; 34)

"모든 걱정을 그분께 내맡기시오. 그분께서 여러분을 돌보고 계십니다." (1베드 5,7)

어떤 사람이 훌륭한 스승을 찾아가서 "저는 믿음이 든든해서 제가 타고 온 낙타를 묶어두지 않고 그냥 놓아두었습니다. 신의 섭리에 맡기었으니 신이 보살펴 주리라 믿습니다."고 말했다. 그러자 스승은 "어서 나가서 낙타를 묶어놓고 오게. 신은 당신이 할 수 있는 일까지 신경을 쓰실 수가 없네."(탈무드)라고 대답했다.

하느님은 우리 인간이 삶의 고통과 괴로움에서 해방되어 언제나 행복하고 기쁘게 살기를 바라신다. 그렇다고 해서 우리가 해야 할 일을 하지 않고 그저 모든 것을 그분의 섭리에 맡기기만 하면 된다는 말이 아니다. 실상 우리는 고통과 괴로움을, 근심 걱정을 모두 하느님께 맡긴다고 하면서도, 내 스스로가 무엇인가를 해야만 한다고 믿기 때문에 근심 걱정을 떨쳐버리지 못하는 경우가 많다.

"고생하며 무거운 짐을 진 너희는 모두 나에게 오너라. 내가 너희에게 안식을 주겠다. 나는 마음이 온유하고 겸손하니 내 멍에를 메고 나에게 배워라. 그러면 너희가 안식을 얻을 것이다. 정녕 내 멍에는 편하고 내 짐은 가볍다." (마태 11,28-30)

우리가 하느님의 자애로운 섭리에 의탁하면 어떤 일이 있어도 불안과 근심을 극복할 수 있게 된다. 하느님을 믿고 신뢰하는 사람에게는 불안마저 '은혜로운' 일이 될 수 있고, 오히려 복되고 유익한 체험이 될 수 있다. 우리가 매일 일상생활 안에서 겪는 불안과 두려움, 근심 걱정을 자애로우신 하느님 아버지의 손에 온전히 내맡길 때에 두려움이나 걱정들을 통하여 구원의 힘을 체험하게 될 것이다.

자신의 한계를 받아들이기

† 나의 한계를 알고 "예" 하며 살기

인간은 한계를 가지고 있는 약한 존재이다. 어느 인간도 절대적인 완성에 이르지 못한다. 인간은 가장 탁월한 존재일 뿐 아니라 가장 약한 존재이기도 하다.

베르나르드 리거(독일 슈투트가르트 교구 보좌주교)는 "많은 사람들이 자기 자신에게도, 우리 세상에도, 하느님에게도 '예'라고 말하지 못한다. 불확실성, 의혹, 모순, 반항, 공포와도 같은 무거운 질문들이 그들을 괴롭히고, 입에서는 '예'보다 '아니오'가 먼저 튀어나온다. 우리가 '예'적인 삶을 살기 위해서는 우리보다 앞서

'예'적인 삶을 살았고, 또한 희망으로 가득 찬 모습을 보여주는 사람이 필요하다"고 했다.

자기 자신에게 '예'하는 것은 삶 안에서, 그리고 노년기를 위해서도 특별한 의미가 있다. 이 '예'는 무엇을 의미하는 것일까? '예'는 '그것은 그렇다!'를 의미한다. 나는 그것을 부정하지 않는다. 나는 이렇고, 이렇다. 내가 이것을, 저것을 했다. 나는 아무것도 미화시킬 마음이 없다. 나는 그저 그것을 그렇다고 고백한다.

'예'는 내가 나의 잘못을, 나의 바보스러움을 인정하고, 내가 그것을 마치 없었던 것처럼 부정하지 않고, 나와 다른 이에게 아무것도 속이지 않고, 부정하지 않음을 뜻한다.

'예'는 내가 어떤 것을 실행할 힘이 없다는 것을, 아주 불확실하다는 것을, 더 이상 자신이 없음을, 두려움과 공포를 느낀다는 것을 인정하는 것이다. 내 생애에서 한 번도 하지 않은 것을 해야만 할 때 나 혼자서 그것을 할 수 없을 때에는 다른 이에게 도움을 청해야 한다. '예'하는 것은 내가 무엇인가를 고백하는 것이고, 나(혹은 다른 이)에게 무엇을 인정하는 것이다. 이것을 어떻게 잘할 수 있는가는 나의 솔직함에 달려 있다. 다시 말해서, 내가 그것을 얼마나 겸손하게 하는가에 달려 있다. **겸손한 자세는 일상을 충실하게 사는 데서 그리고 자신과 남이 같은 인간이라는 통찰 위에 서 있을 때에만 가능하다.**

"인간이 무엇이기에 이토록 기억해 주십니까?
사람이 무엇이기에 이토록 돌보아 주십니까?
신들보다 조금만 못하게 만드시고
영광과 존귀의 관을 씌워 주셨습니다." (시편 8,5-6)

그뿐 아니라, '예'는 내 마음을 움직이고, 무겁게 하고, 근심하게 하는 것들을 말로 표현하는 것을 의미하기도 한다. 자기 주변 사람들에게 모든 것을 감추려 하거나 자기 마음속에 꼭꼭 묻어두려 하고, 자기 잘못이나 병에 대해 침묵하는 것은 바람직하지 않다. 많은 문제는 말할 때에, 곧 자기 심중을 말로써 표현할 때 풀릴 수 있다. 인간은 친교를 위한 존재로 창조되었다. **"사람이 혼자 있는 것이 좋지 않으니, 그에게 알맞은 협력자를 만들어 주겠다."** (창세 2,18) 모든 사람은 그의 영혼 안에 있는 것을 말할 수 있는, "그의 마음에 가까이 있는" 누군가를 필요로 한다.

노년기에 기억력이 감소되고, 집중을 잘 할 수 없고, 종종 사람들의 이름을 기억할 수 없고, 대낮에도 피곤을 견디기 힘들고, 밤에는 잠을 잘 잘 수 없는 것 등등은 아주 자연스러운 일이다. 이처럼 자기 자신의 병이나 육체적인 힘이 쇠퇴하는 것에 '예'함으로써 문제를 받아들인다면 삶을 의미 있게 극복하기 위한 근본적인 걸음을 내딛기 시작한 것이라 할 수 있겠다. 물론 이것이 때로는 많은 힘과 자기극복이 요구되지만 지속적인 노력이 필요하다.

† 훌륭한 삶의 모범자들
성경 안에서 우리는 그들의 잘못과 약함을 고백하고, 그들의

공포와 어려움을 인정하고, 있는 그대로 자신을 받아들인 여러 훌륭한 사람들을 만난다. 그들은 모두 '예'라고 말한 이들이다.

인류의 종교 지도자 중 가장 훌륭한 사람 중 하나였던 구약시대의 **예레미아 예언자**는 한계에 처해 있었고 하느님의 처사를 이해하지 못했다.(예레 20,7 이하) 그는 불쾌한 마음에서 그의 불행의 탓이 하느님에게 있다고 하느님을 원망하고, 그의 운명을 저주했다. 하지만 그는 즉시 다시 새로운 신뢰를 찾으려고 고심했다. 그 점에서 그는 **욥**과 비슷하다.

사도 바오로는 '예' 하고, 자신을 있는 그대로 받아들였다. 그는 하느님의 복음을 선포하기 위해 코린토에 갔을 때 자신이 약했으며, 두렵고 또 무척 떨렸다."(1코린 2,3)고 솔직하게 인정했다.

예수님은 겟세마니 동산에서 **"내 마음이 너무 괴로워 죽을 지경이다"**(마태 26, 38) 하시고, 제자들에게 **"너희는 여기에 남아서 나와 함께 깨어 있어라"**고 덧붙여 말씀하셨다. 그런 다음 예수님은 하늘에 계신 아버지께 기도하셨다. 그리고 이 부르짖음의 기도는 이루어졌다. 공포와 슬픔은 성서적으로 상심과 암울함을 뜻한다. 상심이 환호로 변하지는 않았지만 예수님은 일어나서 그의 고난의 길을 계속 걸어가셨다.

† 한계 넘어서기

내 삶을 성취하기 위해서는 내 한계 안에서 나를 인식하고, 받아들이고 사랑해야만 한다. 노년기에는 이 한계를 넓혀야 하겠지만 육체는 한계가 있기 때문에 결코 쉬운 일이 아니다. 자신에게 끊임없이 지나친 요구를 하면 언젠가는 한계를 넘어서게 되지만 마침내는 자신이 더 이상 감당할 수 없는 상황에 이르게 된다.

사람들은 흔히 자신의 정서적, 육체적인 한계를 생각지 않는다. 그들은 다른 이들을 너무 가까이 자기한테로 다가오게 한다. 아니면 그들은 외적인 부담감을 제대로 인식하지 못한다. 그들은 언제나 자신의 한계를 의식하지 않고서 계속 일을 해왔다. 그러다 어느 날 갑자기 몸이 강하게 반응하는 것에 놀라지만, 몸의 사인을 진지하게 받아들이지를 못한다. 그러나 이제 자신의 몸을 더 이상 조종할 수 없다. 이처럼 무절제는 몸과 마음을 병들게 할 수 있다. 하지만 자신의 가능성을 현실적으로 바라보면 이러한 질병들은 막을 수 있다. 아이러니하게도 우리는 한계를 넘어섰을 때야 비로소 자신의 한계가 어디 있는지를 깨닫게 된다.

게슈타포의 수용소 안에서 예수회 신부 **알프레드 델프**(Alfred Delp)는 사형당하기 전 한 나치의 도움으로 쪽지에 '인간은 자기 자신의 한계를 넘어설 때에만 자유를 얻게 된다.'는 글을 썼다. 그는 좁은 수용소에서 아무도 그에게서 빼앗을 수 없는, 죽음마저 빼앗을 수 없는 내적 자유를 체험하였다. 고문 때문에 받은 고통이 너무나 괴로워서 그는 수용소 생활 초기, 밤마다 거의 자포자기 상태였다. 그러나 감금 후 며칠이 지나자 그 고통 앞에서 느낀 공포의 한계를 뛰어넘게 되었다. 마침내 그는 자유를 획득하였고, 나치의 앞잡이들까지 감동을 받았다. 그는 아주 좁은 공간 안에서 하느님의 넓은 품 안에 자신을 내맡겼다. 그는 자신이 체험한 것을 묶인 손으로 썼다. 그는 자유 안에서 '인간은 끝없는 바람 속에 닻을 달아야만 한다. 그래야만 우리가 어떤 항해를 할 능력이 있는지를 알게 된다.' 는 말을 친구에게 써 주었다.

우리가 하느님께 다가갈수록 우리 존재의 초라함, 나약함, 한계를 더욱 깊이 인식하게 된다. 그러나 우리 자신의 한계를 받아들이지 못하고 넘어서지 못하면 우리는 끊임없이 다른 사람들로부터 인정을 받고 싶어 한다. 우리가 예수님 앞에서 겸손하게 자신의 허영심, 시기심, 권력욕, 교만함을 내려놓지 않으면 그분께 가까이 다가갈 수 없다. 그러므로 주님이 늘 우리와 함께 계시어 우리의 나약함과 한계에도 불구하고 우리가 좌절하지 않고 항상 주님의 은총과 사랑 속에서 주님의 뜻대로 살 수 있기 위해서는 겸손하게 기도해야 한다.

예수님, 제게 늘 머물러 주소서.
주님은 제가 얼마나 쉽게 주님을 저버리는지 알고 계시오니,
제가 주님을 잊어버리지 않도록 항상 저와 함께 계셔 주소서.

예수님, 제게 늘 머물러 주소서 .
저는 너무 나약해서 자주 넘어지오니,
저와 함께 계시어 저를 강하게 해 주소서.

예수님, 제게 늘 머물러 주소서.
주님은 제 생명이시니
주님 없이는 무기력해질 수밖에 없나이다.

예수님, 제게 늘 머물러 주소서.
주님은 저의 빛이시니 주님이 계시지 않으면
저는 암흑 속을 헤매게 되나이다.

예수님, 제게 늘 머물러 주소서.
제가 늘 주님의 뜻을 실천할 수 있도록
저와 함께 머물러 주소서.

예수님, 제게 늘 머물러 주소서.
제가 늘 주님의 음성을 듣고
따를 수 있도록 저와 함께 계셔 주소서.

예수님, 제게 늘 머물러 주소서.
제가 주님을 더욱더 사랑하고
늘 주님께 충실할 수 있도록 저와 함께 계셔 주소서.
(오상의 성 비오*)

*오상의 성 비오(1887-1968) 신부는 이탈리아 피에트렐치나에서 출생하
여, 1910년에 사제가 되었고, 1911년부터 예수님의 십자가 상처가 나타나
기 시작하여 50년 동안 오상을 지니고 살았다. 2002년 6월 16일 시성되었다.

제3부

삶의 완성

1. 성경 안의 노인들

사람들은 대부분 시간의 흐름을 직선으로 생각한다. 그래서 시간을 탄생, 삶, 죽음식으로 직선적인 구분을 한다. 한 방향으로 흐르는 시간, 이것이 인간의 시간이며 세상의 시간이다. 그러나 하느님의 시간은 다르다. 하느님의 시간은 절대적인 시간이요 영원한 시간이다. 오직 현재만이 있다. 성조 아브라함, 이사악, 야곱 그리고 지금 우리를 포함한 모든 사람은 하느님께는 현재의 인물들이다. 그래서 하느님은 살아있는 이들의 하느님이시다. **하느님께는 영원한 현재만이 있다.** 우리와 함께 언제나 변함없이 그리고 영원히 살아계시는 하느님, 이분을 믿는 것이 우리의 신앙이다.

구약성경은 노인이 됨에 따라 점점 몸이 쇠약해지며 시력이 약해지고, 귀가 어두워지고 홀로 외롭게 되는 외적인 모습을 말하고 있지만 고령의 나이에 충만한 삶의 행복에 대해서도 말하고 있다.

늙음과 수를 다함

구약 성조들의 이야기를 읽으면 그들의 마지막 생애는 대부분 이상적인 행복을 맞이한다. 고령의 나이에 이르러 **"한껏 살다가 늙어서"**(수를 다하고) 죽었다. 예를 들면, 성조 아브라함의 끝이 그러했다:

> "아브라함이 산 햇수는 175년이다. 아브라함은 장수를 누린 노인으로, 한껏 살다가 숨을 거두고 죽어 선조들 곁으로 갔다. 그의 아들 이사악과 이스마엘이 그를 막펠라 동굴에 안장하였다. 이 굴은 마므레 맞은쪽, 히타이트 사람 초하르의 아들 에프론의 밭에 있었다. 이 밭은 아브라함이 히타이트 사람들에게서 사들인 것으로, 바로 이곳에 아브라함과 그의 아내 사라가 안장되었다."
>
> (창세 25,7-10 참조)

이사악이 산 햇수는 180년이었고, 그는 노년에 눈이 멀었다. **"이사악은 노인으로 한껏 살다가 숨을 거두고 죽어 선조들 곁으로 갔다. 아들 에사우와 야곱이 그를 안장하였다."** (창세 35,29 참조)

야곱이 산 햇수는 147년이다. **"나는 이제 선조들 곁으로 간다. 나를 히타이트 사람 에프론의 밭에 있는 동굴에 조상들과 함**

께 묻어 다오.… 야곱은 자기 아들들에게 분부하고 나서, 다리를 다시 침상 위로 올린 뒤, 숨을 거두고 선조들 곁으로 갔다."(창세 49,29-33 참조)

성경에서 보는 성조들의 나이가 실제 역사적으로 정확한지의 여부는 중요하지 않다. 그보다는 그 의미를 생각하는 것이 중요하며, 숫자는 이스라엘 백성들의 이상을 나타낸 것이라고 보면 될 것이다. 숫자의 표징을 통해 보면 다음 세 가지 흥미로운 특징을 발견할 수 있다.

1) 고령의 나이는 충만한 삶을 표시하고 있다.

"한껏 살다"는 우리가 흔히 삶에 진력이 나서 체념한다거나 포기한다는 그런 말이 아니라 충만하게, 모자람 없이 생을 누렸다고 긍정적으로 말하는 것이다.

2) 충만한 삶은 사회적인 관계 안에 있다.

이사악과 이스마엘이 아브라함을 안장하고, 아브라함이 그의 아내 사라를 안장하기 위해 사들인 이 땅은 아브라함이 자기 자신과 아들들을 안장하기 위한 무덤이었다. 그러므로 이곳은 이스라엘에게 약속된 땅으로 중요한 토지였다. 이 땅을 사들인 이야기를 이처럼 상세히 전하면서 합법적으로 사들인 것이었음을 자주 언급하고, 거듭거듭 상기시키는 아브라함의 이 같은 행동은 이스라엘의 미래를 위해서 중요한 의미를 시사하고 있다.

3) 아브라함의 마지막 날은 그의 생의 역사가 자식들 안에 그의 미래를 두고 있었기 때문에 특별히 행복했던 것으로 보인다.

그 마지막 모티브는 역시 이사악을 축복하는 이야기 안에서 다시 볼 수 있다. 늙고 눈이 어두워진 아버지 이사악은 아들들과 작별 인사를 나누고 이 세상에서의 좋은 미래를 축복하기 위해 음식상을 차리게 했다. (창세 27,1-40 참조)

자식들을 바라보며 장차 성조들의 땅에서 정착하게 될 미래를 바라보는 노인에 대한 이야기, 무려 3장이 넘는 이 긴 이야기(창세 48-50)는 야곱 이야기로 끝이 난다.

> "이스라엘(야곱)은 나이가 많아 눈이 어두워서 앞을 볼 수 없었다. 요셉이 아이들을 가까이 데려가자, 이스라엘은 그들에게 입 맞추고 끌어안았다. 그런 다음 이스라엘이 요셉에게 말하였다. "나는 네 얼굴을 다시 보리라고는 생각도 못 했는데, 이제 하느님께서는 네 자식들까지 보게 해 주시는구나." (창세 48,10-11)

그런 다음 야곱의 12 아들들은 각각 자신에게 어울리는 아버지의 축복을 받는다. 이 축복의 말씀이 이루어지는 데서 훗날 이스라엘 백성 - 12지파는 자신들의 역사를 보게 된다. 그런 다음 야곱은 아들들에게 아브라함이 묘지로 사 둔 곳에 묻어달라고 분부

한다. 다시 선조들과의 관계가 강조되고 있다:

> "그곳에 아브라함과 그분의 아내 사라께서 묻히셨고, 그곳에 이사
> 악과 그분의 아내 레베카께서 묻히셨다. 나도 레아를 그곳에 묻었
> 다."(창세 49,31)

이 때문에 아들들은 수백 킬로미터 멀리 떨어진 히브론까지 가서 아버지를 안장하였다. 요셉은 그 후에 자기를 팔아넘긴 그의 형들과 화해를 한다. 이렇게 아버지 야곱의 생은 뒤로는 선조들과 관계하고, 앞으로는 희망적인 전망과 함께 완성되었다. 이 희망적인 전망 안에 후손들의 미래가 있고, 그 안에서 12지파 전체 - 이스라엘 백성의 미래가 드러나고 있다.

이런 모티브는 성조들의 이야기에서만 볼 수 있는 것이 아니다. 지혜문학 욥서에서도 재앙에 몸부림치던 욥이 마지막에는 마치 동화 이야기 안에서처럼 그에게 다시 많은 자식들이 주어졌기 때문에 행복하고 기쁨 속에서 늙을 수 있었다고 하며 이야기를 끝내고 있다.

> "세상 어디에서도 욥의 딸들만큼 아리따운 여자는 찾아볼 수 없었
> 다. … 그 뒤 욥은 사대에 걸쳐 자식과 손자들을 보았다. 이렇게 욥
> 은 늘그막까지 수를 다하고 죽었다."(욥 42,15-17 참조)

이와 비슷한 모티브는 루카 복음서에서 늙은 **시메온**과 **한나**의 모습에서 볼 수 있다. (루카 2,25-38 참조)

"주님, 이제야 말씀하신 대로 당신 종을 평화로이 떠나게 해 주셨습니다. 제 눈이 당신의 구원을 본 것입니다. 이는 당신께서 모든 민족들 앞에서 마련하신 것으로, 다른 민족들에게는 계시의 빛이며, 당신 백성 이스라엘에게는 영광입니다." (루카 2,29-30)

그들은 무엇을 보았을까? 성전에 데리고 오는 수천 명의 다른 아이들과 조금도 다를 바 없어 보이는 갓난아기에게서 그들은 무엇을 보았단 말인가? 그들은 희망의 눈으로 보았다. 그래서 더 많은 것을 보았다. 이 지혜로운 두 노인은 예수 그리스도의 신비를 깨달았다. 그들은 깊이 볼 줄 알았고 또 자기들이 본 것을 백성 앞에서 고백했다.

노인들은 깊이 보고, 근원적인 것을 본다. 빛이 구름 속에 가리어져 잘 보이지 않을 때라도 빛을 볼 줄 아는 것이다. 어느 날 갑자기 노년과 만년이 찾아오는 것이 아니다. 긴 세월 생의 끝에 인생의 말년을 맞이한다. 물론 그 이전에 먼저 씨를 뿌리고 가꾸어야만 한다.

시메온은 작은 아이에게서 빛을 보았고, 이 아이 안에서 하느님이 역사하심을 알아차렸다. 지혜로운 노인들은 삶을 이해하고, 관계 전체를 꿰뚫어 보며, 우리 삶의 깨어진 조각들 가운데서 흠 없고 온전한 것을 볼 줄 안다.

불교에서 즐겨 사용하는 용어로 정신적인 수양을 쌓는 것을 말하는 '마음공부'라는 것이 있다. 우리가 늘 안고 사는 것이 마음이지만, 또한 아무리 공부를 해도 알 수 없는 것이 마음이다. 그래서 **달마 대사**는 마음이 너그러울 때는 온 세상을 다 받아들이다가도 한 번 옹졸해지면 바늘 하나 꽂을 자리 없는 것이 우리 마음이라고 했다.

오그라들어 옹졸해진 마음의 병은 예수님마저도 고치기 어려운 병이었다. 오로지 자신만이 뭉친 마음을 펼 수 있다. 손을 펼치면 온 우주를 품을 수 있지만 오므리면 바람 한 점도 머물지 못하듯이 마음도 이와 똑같다.

루카 복음서는 우리에게 노년과 노년의 지혜가 지닌 가치, 노년의 의미와 중요성을 보여 준다. **시메온과 한나**, 그리고 **즈카르야와 엘리사벳**(루카 1,5-25 참조)에게서 노년의 의미가 잘 나타난다. 그들은 인간 안에서 일어나는 하느님의 역사하심을 알아차리는 능력이 있었기 때문에 예수 그리스도의 신비를 깨닫고 그의 첫 증인이 되었다.

즈카르야와 엘리사벳은 아이가 없었다. 엘리사벳은 아이를 낳지 못하는 여자였고, 게다가 둘 다 나이가 많았다. 천사가 나타나 엘리사벳이 아들을 낳게 될 것이라고 말한다. 즈카르야는 때가 되면 이루어질 천사의 말을 믿지 않았다. 그래서 이 일이 일어나는 날까지 그는 벙어리가 되어 말을 못 한다. (루카 1,5-25 참조)

하느님의 약속이 이루어지기 위해서 즈카르야는 위기를 겪어야만 했다. 그는 오랜 시간동안 벙어리가 되어 자기 입으로 하느님을 찬미할 수 없었다. 그는 침묵하면서 하느님이 자신에게 약속하신 열매를 믿으며 기다리는 법을 배워야 했다. 이렇듯 노년에 어떤 새로운 것을 탄생시키기 위해서는 침묵의 시기가 필요하다.

그것은 마치 된장이나 고추장이 오랜 시간동안 항아리 속에서 묵혀 있어야 하는 것과 같다. 그냥 항아리 속에서 묵혀 있지 않고 그 안에서 발효되고 있는 것이다. 사람들의 건강을 지켜주는 음식이 되기 위해서는 이처럼 오랜 발효시간이 필요한 것처럼 하느님의 약속이 열매를 맺기까지는 긴 침묵과 인내의 시간이 필요하다.

어둠과 희망

한편 성경에서 언급된 노년기의 긍정적 모습과 대조되는 증언들도 있다. 꽤나 회의적인 느낌을 주면서도 시적인 표현이 가득한 **코헬렛 12장**은 늙음과 죽음에 대해 진지하게 암시하고 있는데 여기서 나열하고 있는 여러 가지 패망현상들은 이와 비슷한 체험을 한 사람이라면 쉽게 그 의미의 수수께끼를 풀 수 있을 것이다.

> 3절 "그때 집을 지키는 자들은 흐느적거리고" (흔들리는 손)
>
> "힘센 사내들은 등이 굽는다" (약해지는 다리)
>
> "맷돌 가는 여종들은 수가 줄어 손을 놓고" (치아가 빠지고)
>
> "창문으로 내다보던 여인들은 생기를 잃는다" (시력이 나빠지고)
>
> 4절 "길로 난 맞미닫이문은 닫히고" (귀가 어두워지고)
>
> "맷돌 소리는 줄어든다" (목소리가 제대로 나오지 않고)
>
> "오르막을 두려워하고 길에서도 무서움이 앞선다." (힘든 발걸음)

"이런 시절은 내 마음에 들지 않으며"(코헬 12,1) 또 이런 세월을 아름답다고 말하지 않을 것이라고 한다. 여기서는 노년에 대한 희망이나 위로보다 오히려 젊은이들에게 **"젊음의 날에**

너의 창조주를 기억하고"(코헬 12,1). "네가 아직 힘이 있을 때,"
삶이 주는 작은 기쁨들을 누리라고 지혜로운 권고를 하고 있다.

시편 88(4.7-10)의 증언은 더욱더 어둡다. 이 시편이 노년기의
신체적, 심리적 고통이라고 말할 수는 없지만 노년기에 경험할
수 있는 무거운 짐들과 피할 길 없는 외로움에 대해 말하고 있다.
이미 무덤 가까이 와 있고, 모든 친구들이 떠나가고 실낱같은 희
망조차 없어 "밤낮으로" 부르짖고 있는 병든 사람인 욥처럼 그의
운명, 질병, 쇠약, 고독에 하느님마저 그를 기억하지 않는다는 확
신이 그를 괴롭히고 있다.

시편 88은 욥기나 다른 부르짖는 시편들과는 달리 끝에 가서
구원을 말하지 않는다. 시편은 선으로의 전환도, 위로도 없이 끝
나고 있다.

"당신께서 벗과 이웃을 제게서 멀어지게 하시어
어둠만이 저의 벗이 되었습니다." (시편 88,19)

이는 마음에서부터 우러나온 외침이요 고백이며 동시에 기도
이다. 신앙인으로서도 이런 외침이 필요하고 정당한 것임을 말하
고자 이 내용이 거룩한 성경 안에 들어가 있는 것이다.

"저를 내던지지 마소서, 다 늙어 버린 이때에,

늙어 백발이 될 때까지 하느님, 저를 버리지 마소서."

(시편 71,9.18)

2. 그리스도인의 죽음과 영원한 생명

삶과 죽음

죽음은 인간에게 가장 근본적인 문제 중의 하나이며 우리의 의지와는 상관없이 받아들여야 하는 진리이다. 죽음은 남녀노소의 구별도 없이, 빈부귀천에 상관도 없이, 때의 정함도 없이 어느 날 갑자기 찾아온다.

철학자 **하이데거**는 인생은 "죽기 위한 삶이다!" "죽음을 위한 존재이다." "죽음을 향한 존재"라고 했다. 그러나 우리는 살기 위해 살고 있으며, 또 나의 실존 자체가 삶을 향해 있으므로 이 삶은 그 자체로서 어떤 가치를 지니고 있다. 그러나 사람은 마치 결코 죽지 않을 것처럼 살고 있지 않은가. 이런 이들은 죽음에 대한 생각을 전혀 떠올리지 않고, 어쩌면 의식적으로 삶에서 죽음을 밀쳐낸다. 삶에 대해서만 관심이 있을 뿐 죽음에 대해서는 아무것도 알고 싶어 하지 않아 보이지만 그 내면에는 죽음에 대한 두려움이 있다.

실제로 영적, 철학적 전통들 안에서는 죽음이 삶 때문에라도 중요한 역할을 하고 있다. 자연에는 삶과 죽음이 함께 깃들어 있다. 그러나 사람들은 죽음을 두려워하고 죽음의 그림자를 철저히 막으려 한다. 그러나 죽음을 끌어안지 않은 삶은 없기 때문에 죽음을 외면하다 보면 결과적으로 삶까지도 외면시하고 만다. 죽음을 견디지 못하는 곳에는 죽음만이 남는다. 그러나 오늘날 시간의 절박성을 깨닫지 못하는 이들은 개성도, 일관성도 없는 삶을 살아간다. 어떤 이들은 미래에 대한 계획이나 희망도 없이 돈과 권력, 욕망, 성性과 물질주의, 이기주의에 빠져 살고 있다. 죽음이 문을 두드릴 때에 이들은 절망 속에서 울부짖고 허무에 빠지고 만다.

죽음은 인생을 끝맺는 시간이다. 그리스도인에게 죽음이란 하느님에게서 왔다가 다시 하느님께로 돌아가는 (요한 16,28 참조), 곧 영원한 삶으로 나아가기 위해 자비로우신 하느님을 결정적으로 만나는 때이다. **"사람아, 너는 흙에서 왔으니 흙으로 돌아갈 것을 생각하라"**는 말씀을 상기한다면 매일매일 죽음을 향해, 본향을 향해 성심껏 살아가야 하는 존재임을 인식해야 한다.

인간은 영혼의 깊은 곳에서 고향, 곧 본향을 찾고 거기에 소속되어 있기를 갈망한다. 늙어갈수록 이 갈망은 더욱더 강해진다. 하느님 안에 본고향이 있다는 것을 알고 있는 영적인 사람이라 할지라도, 또 끊임없이 하느님께로 향한 순례의 길을 가고 있는 종교인들이라 할지라도 마찬가지다. 하느님 곁에, 하느님 안에 머무는 것은 우리 모두가 갈망하는 것이다. 실제로 우리는 고향으로 느끼는 이 지상의 거처에서 영원히 편안하게 머물기를 바란다.

주님 안에서 우리가 죽음을 맞이한다면 죽음은 우리에게 새로운 차원, 영원한 생명을 준다. 죽음은 결코 끝이 아니라 영원한 삶으로 옮겨가는 것이다. 죽음은 사람을 사람답게 만들어 주고 또한 사람답게 생각하도록 해 주는 것이라고 **쇼펜하우어**는 말한다. 삶 자체는 죽음을 향해 있다. 인간은 "죽음을 향한 실존"이기 때문이다. 인간은 죽음에 가까워질수록 그만큼 완성에 나아가게 된다고 할 수 있다. 역설적으로 들릴지 모르지만 "인간은 죽음으로써 완성된다." 즉 죽음은 우리 인간에게 있어서 완성의 최후이다. 그렇다면 나의 죽음은 어떠할 것이며, 나의 죽음은 어떠해야 하겠는가? 지금 내가 살고 있는 것이 죽음을 향한 여정이고 나의 완성의 길이라면, 내가 보는 나의 죽음은 어떠해야 하겠는가?

죽음이 다가올 때에 인간은 고통 중에 신음할 뿐 아니라 미래에 대한 두려움으로 떨게 된다. 죽음은 단 한 번뿐이고 돌이킬 수 없기 때문에 죽은 다음의 경험을 들려주는 사람이 없어 인간은 죽음에 대해 본능적으로 불안을 느끼고 두려워한다. 그러나 부활하신 예수님은 우리 삶에 새로운 의미와 가치를 부여하셨고, 우리가 죽음에 대한 두려움을 극복하고 살 수 있도록 그 길을 스스로 보여주셨다.

"나는 부활이요 생명이니 나를 믿는 사람은 죽더라도 살겠고
또 살아서 믿는 사람은 영원히 죽지 않을 것입니다."

(요한 11,25-26)

죽음은 인간이 자신의 삶을 되돌아보고 반성할 기회를 주기도 한다. 죽음을 어떻게 받아들이느냐에 따라 이 세상에서 우리 삶의 모습은 달라진다. 대구 남산동에 자리한 성직자 묘지 입구에는 **"오늘은 나, 내일은 너"**라는 글귀가 언제 어디서 어떤 모양으로 다가올지 모르는 죽음에 대해 깊이 생각하게 한다.

"그러니 깨어 있어라. 너희가 그날과 그 시간을 모르기 때문이다."

(마태 25,13)

삶과 죽음은 하나

죽음은 삶 안에 있다. 그래서 삶과 죽음은 하나다. 인간은 마치 죽기 위해 태어난 존재인 듯하다. 매일 매일을 살아감은 곧 매일 매일 서서히 죽어가고 있음을 의미하고, 매일 어두운 땅속에 파묻혀 썩어버린 씨가 새 생명을 잉태하게 하는 봄은 우리에게 인생을 사는 데 있어 필요한 지혜와 용기, 희망을 준다. 누가 "어떻게 죽었느냐?"고 묻는 것은 곧 "그가 어떻게 살았느냐?"고 묻는 것과도 같다. 따라서 **죽음은 인간의 삶의 요약이요, 영원한 삶의 시작이며 새로운 시작이다.** 죽음을 통해 영원한 생명이 우리를 기다리고 있다. 매일 죽어가는 것은 새 생명으로의 나아감을 의미한다. 그러므로 삶과 죽음은 분리된 것이 아니라 하나다.

태어나면 죽지 않을 수 없고, 죽지 않으면 다시 살 수 없는 것이 바로 '파스카의 신비', 즉 강생과 죽음, 죽음과 부활, 생명과 죽음의 신비이다. 죽음 안에 생명이 깃들어 있다. 삶 안에 죽음이 있고, 죽음과 삶이 분리된 것이 아니듯, 행복과 고통이 공존하고, 고통 안에 기쁨이 있고, 기쁨 안에 고통이 있는 것이 우리 삶의 이치이듯 강생과 죽음, 죽음과 부활, 생명과 죽음 사이에 일치가 있다. 그림자 없는 빛, 밤이 없는 낮, 오르막이 없는 내리막은 존재하지 않음과 같다.

이처럼 십자가의 죽음이 예수님의 삶 안에 있다. 예수님은 모든 것을, 삶 전체를 아버지로부터 받아들이셨듯이 사랑과 고통, 죽음까지도 받아들이셨다. 십자가의 죽음은 얼핏 보기에 실패나 좌절로 보이지만, 죽음에서 생명으로 건너가는 파스카의 신비로써 십자가의 죽음을 새 생명과 해방의 근원으로 변형시킨 것이다! 이처럼 십자가의 죽음 안에 생명이 들어 있고, 생명은 죽음 안에 감추어져 있다. 마치 씨앗이 땅 속에서 죽고, 죽음으로써 생명을 내고, 또다시 죽음으로써 새 생명을 탄생하는 것처럼 삶과 죽음은 분리된 것이 아니라 하나다!

부활의 신앙은 우리가 매일 죽는 삶, 포기하는 삶 안에서만 기대할 수 있고, 부활의 체험이 가능하다. 죽는 자만이 생명, 삶을 체험할 수 있다. 우리도 예수님처럼 온전히 죽었을 때 그분처럼 부활하고 생명을 체험하게 된다.

주님의 수난과 부활의 신비는 삶과 죽음에 대한 새로운 시각을 열어준다. 우리가 육신의 죽음만을 염려하고 두려워한다면 예수님의 수난과 죽음과 부활의 의미를 온전히 깨달을 수 없다. 진정한 삶과 죽음은 언제나 삶의 의미와 진리를 발견하고 살 수 있는지에 따라 결정된다.

인생의 완성에 다다른 죽음은 새 생명, 영원한 생명을 향해 내

딛는 시작이다. 죽음은 생명의 끝도 아니고 윤회설에서 말하는 것처럼 내가 그 무엇으로 바꾸어 버리는 새로운 삶으로의 전이도 아니다. 죽음은 인간에게 있어서 가장 귀중한 자유의 끝이 된다. 죽음은 삶의 요약이며, 생의 완성이다. 왜냐하면 예수께서 친히 죽으심으로써 인간을 죽음에서 해방시키시고, 또한 친히 부활하심으로써 인간에게 영원한 생명을 얻어 주셨기 때문이다. 그러므로 인간의 고통과 죽음에 대한 질문은 예수 그리스도 안에서 그 답을 얻는다. 그리스도를 믿고 그분 안에서 죽는 사람에게는 죽음은 영원한 생명으로 들어가는 문이다.

영원한 생명

죽음의 한계를 초월하여 희망한다는 것은 우리가 죽음 후 생명을 산다는 것을 전제로 할 때 가능하다. 많은 이들이 최종적으로 죽음만을 보기 때문에 삶이 영원하다는 것을 믿지 않는다. '영원하다'는 말은 무작정 시작도 끝도 없다는 말이 아니다. 우리의 삶은 한계가 있다. 현세의 삶에서 행복보다는 무거운 짐을, 기쁨보다는 고통을 안고 있는 사람들을 자주 만나게 된다. 설령 행복과 기쁨으로 체험하는 것일지라도 그것이 단순히 반복되고 지속되기만을 바라지 않는다. 우리는 현세의 삶을 살면서 완성을 바란다. 또한 죽은 이들을 위해 무엇을 바란다면 그것은 영원한 안식과 평안일 것이다. 우리는 주님께서 말씀하신 부활의 약속에서 죽음이 끝이 아니라 영원한 생명으로 건너가는 길목임을 믿고 위로를 받는다. 부활 신앙만이 우리 인생살이의 진정한 힘임을 깨달아야 한다. 그러므로 우리는 죽음 후에 현세의 삶을 계속해서 사는 것을 믿는 것이 아니라 우리 삶의 목표인 영원한 삶, 생명을 갈망하며 믿는다. '영원한 생명'을 믿는다는 것은 하느님의 생명을 믿는 것이다. 부활과 영원한 생명은 모든 신앙인에게 죽음을 넘어서는 희망을 준다. 예수님께서는 부활하신 분으로 생명 그 자체이신 분이시다.

하느님은 생명이시다. 생명은 하느님께로부터 온다. 생명은 인간이 스스로 만들 수도 없고 스스로 생명이 될 수도 없다. 그 생명은 하느님의 생명으로부터 주어지는 것이기 때문에 바로 여기에 인간 생명에 대한 특별한 존엄성이 부여되고 있다. 인간의 생명은 질문이고 대답이며, 노래이고 침묵이며, 발견에 대한 놀라움이고, 웃음이고, 울음이며, 노동이고 축제이며, 고통이고 위안이다. 인간 생명은 사랑이며 사랑받는 것이다.

우리가 어느 누구에게서 도움을 받을 수 있고, 또 우리의 말에 귀 기울여 주고, 우리의 기쁨과 행복을, 고통과 어려움을 함께 나눌 수 있는 사람이 곁에 있다면 그 얼마나 감사한 일이겠는가! 우리의 삶이 함께 어울려 살고 또 서로를 위한 삶을 사는 곳에서는 영원한 생명이 시작된다. 즉 죽음이 권세를 누릴 수 없는 생명이 바로 하느님의 생명이기 때문이다.

죽기 전에 우리가 참삶을 살았는지, 그리고 삶의 목표를 달성했는지는 결코 우리가 살아온 햇수에 달려 있지 않다. 영원한 생명은 하느님의 사랑의 선물인 이웃을 통해 받아들이고 활동하도록 하는 데서 시작된다. 영원한 생명을 얻기 위해서는 일상 안에서 우리에게 주어지는 과제들과 이웃을 위해 성실하게 존재해야 하며, 또한 이웃과 함께 기쁨과 고통을 나누어야 한다. 또한 그들도 우리를 위해 존재하고, 기쁨과 고통을 우리와 함께 함으로써 이웃을 그들의 선물로 받아들임을 의미한다. 기꺼이 생명을 바친다는 것은 하느님 안에서 언제나 다시 찾을 수 있다는 희망으로 하느님께 자기 생명을 온전히 내맡기는 것을 의미하기도 한다.

"제가 무엇을 해야 영원한 생명을 받을 수 있습니까?"
(루카 10,25)

"'네 마음을 다하고 네 목숨을 다하고 네 정신을 다하여 주 너의 하느님을 사랑해야 한다.' 이것이 가장 크고 첫째가는 계명이다. 둘째도 이와 같다. '네 이웃을 너 자신처럼 사랑해야 한다.'는 것이다. 온 율법과 예언서의 정신이 이 두 계명에 달려 있다." (마태 22,37-40)

온 마음과 목숨과 힘을 다하여 하느님을 사랑하는 것, 이웃을 내 몸처럼 사랑하는 것이 복음의 핵심 계명이다.

"그러면 누가 저의 이웃입니까?" (루카 10,29) 예수님은 **착한 사마리아 사람의 비유**(30-37절)로 응답하시고, **"가서 너도 그렇게 하여라."** 말씀하신다. "자비는 그리스도인의 삶의 방식"이라고 프란치스코 교황은 역설했다. 이 비유는 우리가 고통받는 사람에게서 예수님을 보게 하며, 하느님의 자비를 전할 수 있는 대상은 우리 주변의 고통받는 이웃들, 나의 도움을 필요로 하는 이들에게 조건 없이 사랑을 베푸는 이웃사랑의 보편적인 가치를 알리고 있다.

우리는 생명의 하느님을 향해 살고, 그분을 향해 죽을 수 있기를 희망한다. 인생의 마지막 순간에 우리가 충실히 살지 못했고 많은 잘못을 저질렀다는 것을 깨달을지라도 우리를 위해 십자가에서 돌아가신 예수님을 바라보며 온전히 신뢰한다면 예수님을 향한 시선은 우리 또한 예수님과 함께 낙원에 들어가리라는 희망을 줄 것이다. 그렇다고 우리가 마지막 순간까지 회개를 미루어도 된다는 말은 아니다.

"너희는 좁은 문으로 들어가도록 힘써라. 내가 너희에게 말한다. 많은 사람이 그곳으로 들어가려고 하겠지만 들어가지 못할 것이다." (루카 13,24)

우리가 삶에서 무언가 실패를 하면 다른 모든 것을 잃어버리게 되지 않을까 싶은 생각에 불안을 느낀다. 그러나 주님은 우리 삶이 죽음에서 완성되며, 우리를 괴롭히는 모든 것을 이겨내리라는 확신을 주신다. 우리의 믿음은 매일 더 강해져야 한다. "하느님이 주신 자유는 우리에게 선택의 여지를 남기신다. 하느님이 존재하고, 그분의 사랑을 전적으로 믿는 것은 올바른 자유의 선택이다." (끼아라 루빅, 땅위의 천국. 2018. 10. 6.)

우리가 죽음에서 우리 자신을 예수님의 손에 맡기며 주님께 우리 영혼을 받아주시길 기도하면 예수님은 우리를 당신 품에 받아주시고, 당신 나라 낙원에 받아들이실 것이다. 하늘나라는 자신의 공로와 재물로 얻는 것이 아니라 하느님께 거저 받는 것이다. 그러므로 우리의 존재, 마음, 정신, 의지. 육체적인 힘, 소유, 우리의 존재와 가진 모든 것을, 무엇보다 우리의 마음을 하느님께 드려야 한다. 하느님이 사랑이시며 사랑을 원하시기 때문이다.

이 세상에서의 우리 삶은 한정되어 있으며, 죽음을 향해 움직이고 있다. 이 세상과 역사는 한정되어 있다. 그러므로 예수님은 이웃과 연대하고, 지금 이 순간 우리에게 기대되는 것에 개방하고 깨어 있으라고, 바르게 살라고 하신다.

지금 여기서, 세상에서 어두워진 관계는 죽음을 통해 더욱 분명하고 순수하게 될 것이다. 영원에 이르면 우리는 하느님과의 관계에서 빠져나오지 못하게 되고, 하느님 안에 있게 될 것이다.

죽음을 기억하기

죽는 데는 순서가 없다. 우리 수녀원에 있는 묘지를 찾아가면 30-40대 후배들이 선배들보다 먼저 하늘나라로 간 것이 눈에 띈다. 인간은 누구나 죽음이라는 마지막 관문을 통과해야 한다. 이 최후의 관문을 상징하는 죽음을 체험할 수 있는 기회는 우리가 살아 있는 동안에도 자주 만날 수 있다. 젊음, 건강, 삶의 목표 등을 잃어버리거나 어쩔 수 없이 놓아버려야 하는 상황들 역시 죽음을 의미할 수도 있고, 또한 마지막 순간을 준비하는 것일 수도 있다. 죽음은 임종의 순간에만 맞닥뜨리는 것이 아니다.

노년에 해야 할 마지막 영적 도전은 죽는 연습이라 할 수 있다. 죽음은 삶의 최후 마지막 순간에만 대면하는 것이 아니기 때문이다. 그래서 로마노 과르디니 신부는 "삶은 지연되고 있는 죽음"이라 했다.

베네딕도 성인은 **"죽음을 날마다 눈앞에 두라"**고 한다. 언제 죽음이 닥칠지 알지 못하기 때문에 항상 죽음을 눈앞에 두고 그에 걸맞게 살아야 한다는 것이다. 베네딕도 성인이 우리에게 죽음의 공포를 심어주려고 이런 말을 한 것은 아니다. 우리는 영원한 생명을 갈망하고, 죽음은 그 전에 통과해야 하는 문이라는 것을 알고 있다. 베네딕도 성인은 이 문, 이 넘어감이 항상 열려 있고 이승의 삶이 갑자기 끝날 수 있다는 것을 기억하게 해 주고 싶었던 것이다.

죽음을 날마다 눈앞에 두고 산다면 우리는 일상 행위를 매순간 겸손하게 살게 될 것이다. 삶이 한순간에 끝날 수 있기 때문에 우리는 깨어 있어야 하고 일상을 무심히 살아서는 안 된다. 하느님께서는 어느 곳에서나 우리를 지켜보고 계시기 때문에 우리는 항상 하느님 앞에서, 그분의 현존 안에서 살아야 한다. 하느님의 현존과 가장 가까이 있을지도 모를 죽음은 깨어 있는 삶에 기초가 된다.

수도승의 아버지인 은수자 **안토니오 성인**(355/6년 사망)은 **죽기 직전에 형제들에게 "마치 오늘이 마지막 날인 듯 사시오. 여러분**

자신에게 주의하시오!"라고 말했다. 죽음은 우리가 아무것도 할 수 없도록 우리를 떠밀며 다가오는 것이 아니다. 죽음의 때와 장소는 우리 스스로 선택할 수 없기 때문에 예수님은 "**생각지 않은 때에**"(마태 24,44) 마치 밤에 도둑처럼 올 수 있으니 '**항상 깨어 있어라!**'(루카 12,35-40; 21,36 참조)고 하셨다.

사람들은 죽음에 대한 두려움이 있다. 하지만 죽음에 대한 생각은 오히려 사람들이 잘 살도록 도와준다. 젊은이들에게는 전반적으로 죽음이 사람들의 삶과 의식에서부터 밀려나고 있는 경향이 있지만 최근 들어 노년의 삶과 죽음이 중요한 논제로 대두되고 있다. 무엇보다 현대의 생활태도와 의학의 발전으로 인해 노년기와 죽음이 연장되고 있기 때문에 종종 능동적인 혹은 수동적인 안락사에 대한 논쟁으로 이어지기도 하고 있다. 현대의 호스피스 활동과 말기 환자의 고통 완화치료는 위중한 병의 마지막 단계에서 삶을 영위할 수 있는 여지를 열어 두고자 하는 것이지만 그 어떤 것도 끝내 죽음을 막을 수는 없다. 죽음은 그저 분해되어 없어져 버리기 위함이 아니라 하느님을 믿는 우리에게는 새 생명으로, 영원한 생명으로 들어가게 하는 것이기 때문이다.

이별은 아주 고통스럽다. 더구나 갑작스런 죽음은 무척 괴롭다. 그러나 죽음에 대한 깊은 체험은 가정이나 (수도원) 공동체에 축복이 될 수 있다. 호스피스 병동에서 자원봉사를 하는 분들은 임종하는 이들과의 경험이 그들의 삶에 큰 영향을 끼치며 죽음과 삶을 바라보는 관점을 다양하게 해 준다고 말한다.

우리는 살아가면서 실제로 의식하는 것보다 더 자주 고별을 경험한다. 내가 언제 마지막 고별 상황을 체험했는지 한번 생각해 보는 것은 죽음과 고별을 더 친숙하게 받아들일 수 있게 하는 기회가 될 것이므로 유익하다. 죽음과 고별은 우리가 생각하는 것보다 더 가까이 있고, 일상 안에서 의식하는 것보다 더 자주 대면하게 된다. 죽음을 외면하지 않고 죽음을 잘 맞이할 수 있도록 마지막 단계를 준비하면서 선종을 위해 기도하는 것은 참으로 중요하다. 그러나 마지막 단계가 실제로 언제, 어떻게 올지 알아차릴 수 없고, 어떻게 맞이하게 될지 그 순간이 오기 전에는 모른다. 그러나 늘 깨어 있던 옛 수도승들은 평화로이, 깨어 있는 의식 속에서 눈을 감았다.

베네딕도 성인은 마지막 순간이 다가오고 있음을 알아차리고, 형제들에게 자신을 성당으로 데려가 달라고 하여 성체와 성혈을 받아 모셨다. 그리고 제자들 손에 의지한 채 하늘을 향해 손을 들고 기도하는 가운데 마지막 숨을 내쉬었다. 우리는 죽음의 형식을 선택할 수는 없지만 아주 평화로이 죽기를 바란다. 마지막 순간에는 신체적 고통과 영혼의 혼란스러움은 우리를 전복시킬 수 있다. 그러면 우리는 그 속에서 더 이상 우리 삶을 제어할 수 없을 것이고, 고통과 정신적 혼란은 우리가 그전에 구상한 노년의 삶, 이상적인 죽음의 모습을 무너뜨릴 수도 있다. 하지만 우리는 선종을 위해 기도할 수 있다. 죽음이 실제로 어떤 모습으로 다가올지는 하느님만이 아신다. 그러므로 다가오는 이런 미지의 죽음의 상황을 제때에 알아차리고 받아들이는 것은 우리의 과제이며, 특히 노년의 과제이다. 삶의 마지막을 힘들게 하는 것이 건강상의 문제만은 아니다. 평화롭게 죽음을 맞지 못하는 과거의 짐들도 있을 수 있다. 평생을 함께한 사람일지라도, 또 아무리 사랑하는 사람이라 할지라도 죽음은 함께 나눌 수 없다. 누구도 경험해 보지 못한 최후의 관문을 홀로 통과해야 하기 때문에 인간은 죽음을 두려워하는 것이다.

그러나 나날의 삶 속에서 크고 작은 형태의 다양한 죽음을 받아들이고자 애쓴다면 실제 자신의 죽음도 평화롭게 받아들일 수 있게 될 것이다. 우리가 하느님께 믿음으로 충실히 살았다면 신실하시고 정의로우신 하느님께서는 우리 삶의 가장 중요한 죽음의 순간에 결코 우리를 저버리지 않으실 것이다. 그러므로 우리가 죽음을 잘 맞이할 수 있기 위해 매일 기도하고 준비하는 것이 중요하다. 지금 내 삶이 죽음을 향한 삶이고 나의 완성의 길이라

면 우리가 죽음을 잊고 살아가는 것은 마치 삶 자체를 잊고 사는
것과 같을 것이다.

나는 어떤 죽음을 바라는가? 사후를 인정하는 그리스도인과
인정하지 않는 사람 사이에는 큰 차이가 있을 것이다. 고통과 질
병을 짊어진 이들이 주님께 나아가는 데 믿음은 얼마나 중요한
지 모른다.

가족 중에 혹은 자신의 임종이 다가옴을 알아차리게 되면, 그
가 **가톨릭 신자**라면 신부님에게서 '**고해성사와 병자성사**'를 받도
록 주선하여 **선종을 준비**하는 것은 참으로 은혜롭고 바람직한 일
이라 하겠다. 예전에는 대개 죽기 전에 병자성사를 받았기 때문
에 '**종부성사**', 즉 **마지막 성사**라고 여겨 이 성사를 받고 나면 곧
죽을 것이라 생각되어 가족이나 임종을 앞둔 자신도 이 성사받
기를 꺼려 했다. 그러나 병자성사는 마지막 성사가 아니다. 병세
가 심하거나 병자 자신이 원하면 신부님을 모셔와 병자성사를 거
듭 받을 수 있다.

교황 베네딕도 16세는 고해성사와 병자성사는 병자가 그리스
도의 죽음과 부활신비에 더욱 온전히 자신을 동화시키도록 도와
주는 하느님 은총의 귀중한 도구라고 했다. 고해성사는 하느님과
결합하게 해 주는 것이므로 그리스도인 삶에서 매우 중요하다고

했다. 또 병자성사에서 성사의 질료인 성유는 '하느님의 약'으로 주어지며, 하느님의 선하심을 확실하게 해 주는 동시에 병고의 순간을 넘어 결정적 치유, 곧 부활을 바라보게 한다고 설명했다. (교황 베네딕도 16세, 가톨릭 평화신문 2020. 2.9일자 참조)

수도원에서는 일찍부터 죽음을 상기하게 된다. 종신서원 전에 수도자는 그 시점에서 소유하고 있는 모든 것에 대한 처리 권한을 누군가에게 완전히 맡긴다는 유언장 형식의 문서를 써서 보관한다. 특별히 맡길 것이 없었지만 젊은 나이에 유언장을 써야 했을 때 나는 마음의 동요를 느꼈다. 많은 사람이 유언장을 쓰고 싶어 하지 않거나 가능한 한 멀리 미루는 이유는 죽음을 상기하는 것이 그리 달갑지 않기 때문일 것이다.

사람들은 대개 병원에서 죽더라도 예전처럼 시신을 집으로 모셔오지 않고 영안실에 모신다. 그러나 우리 수녀원에서는 시신을 영안실에 모시지 않는다. 죽음이 임박하면 곧 본원 양호실로 모시고 와서 수녀들의 기도 속에서 임종을 맞게 한다. 입관하기 전까지는 고운 흰 천으로 시신을 살짝 덮어두기 때문에 문상객들은 마지막으로 돌아가신 수녀의 얼굴을 보고 작별을 고할 수 있다. 수녀들은 번갈아 가며 기도(연도)를 하고 시신 곁을 떠나지 않는다. 장례식 날까지 수녀원은 발걸음도 조용조용, 침묵을 지키며 숙연한 분위기다. 선종한 수녀의 영정 사진과 촛불이 식당 앞에도 놓여 있다. 비록 육신은 우리 곁을 떠났을지라도 아직 세상에 남아 있는 우리와 아주 가까이 있으며 우리를 위해서 기도하고 있음을 느낀다. 주검 앞에서 비록 통곡하며 우는 이가 없을지라도 살아생전에 그가 우리에게 보여준 크고 작은 사랑을 기억하면서 감사한다. 신앙 안에서 부활을 믿는 우리에게는 죽음이 마냥 슬프기만 한 것은 아니다.

장례식 날 모든 수녀들은 작은 삼베 리본을 가슴에 달고서 천천히 줄지어 관을 모시고 수녀원의 객실, 사무실, 식당, 휴게실, 회의실, 도서실, 양호동을 거쳐 성당으로 들어간다. 생전에 수녀가 늘 지나다니던 곳을 거쳐 가면서 마지막 작별 인사를 나누는 것이다. 여러 신부님과 수녀님들, 가족, 친지들이 함께하는 장례 미사는 슬픈 분위기라기보다는 그가 평생토록 그리며 뵙고 싶어 한 하느님 곁으로 가게 된 것을 축하하듯 잔잔한 기쁨과 감사, 슬픔과 엄숙함이 한꺼번에 느껴지는 분위기다. 미사와 고별식 후 성당에서 출관하기 전, 우리 곁을 떠나는 수녀에게 아름다운 노래를 불러드린다. 수녀들의 긴 행렬이 묘지를 향하는 영구차를 조용히 뒤따른다. 수녀원의 장례식은 이렇듯 늘 감동적이고 아름답다!

오랜 세월동안 나와 함께 삶을 나눈 형제, 친척, 수녀, 지인들의 무덤 앞에서 기도를 드릴 때면 죽음의 순간을 떠올리게 된다. 내가 죽을 때에도 이들이 내 곁에 함께 있어 주고, 평안히 눈감고 하늘나라로 갈 수 있도록 기도해 줄 것이라 생각하면 큰 위로가 된다.

선종

우리는 사랑하는 가족이 지켜보는 가운데 죽고 싶고, 맑은 정신으로 희망이 될 유언을 남기고 죽기를 바란다. 하지만 어떻게 죽을 것인가는 우리 뜻대로 되는 게 아니다. 성인들도 고통을 겪으며 죽었다. 죽음이 갑자기 닥칠지, 오랫동안 병석에 누워 지내다 맞이하게 될지는 우리가 선택할 수 없다. 내가 언제 어떻게 죽을 것인가는 하느님 손에 달려 있다. 십자가에서 죽으시면서 **"아버지, 제 영을 아버지 손에 맡깁니다."**(루카 23,46)고 기도하신 예수님처럼 우리는 주님과 함께 기도할 수 있을 뿐이다.

노인에게 요구되는 '죽는 연습'은 십자가를 받아들임으로써 실현될 수 있다. 일상생활 안에서 나에게 요구되는 죽음을 받아들이고 또한 죽음을 하느님께 대한 전적인 헌신으로 변화시키기 위한 열쇠는 바로 십자가 사랑이다. 그러므로 노년의 영성에서 핵심은 마지막으로 요구되는 '**십자가 사랑**'을 연습하는 것이다. 삶이 죽음을 피할 수 없기 때문에 십자가 사랑을 연습해야 한다. 예수님은 우리를 위해 죽으셨으며 예수님 죽음의 본질은 사랑이다.

인간을 향한 하느님의 사랑법은 독특하다. 하느님은 권능의 힘으로 인간을 당신 필요에 따라 움직이지 않으시고, 아드님이신 예수님의 십자가의 죽음과 희생을 통해 인간을 구원하신다. 인간의 눈에는 십자가의 죽음이 어리석고 걸림돌이지만, 하느님께는 힘이고 지혜이다. 그분의 사랑과 자비는 자기밖에 모르는 이기적인 인간이 아니라 하느님의 존재를 확실히 믿고, 자신의 잘못을 외면하거나 남에게 책임을 떠넘기지 않고, 오히려 남의 죄를 대신 짊어져 주고, 불안한 현실에 대한 불평보다는 미래를 하느님께 맡기고 날마다 충실하게 살아가는 이들이 체험한다.

인생의 십자가가 부활의 희망이 되려면, 예수님께서 걸으신 길을 함께 걸어가야 한다. 그러나 예수님의 십자가의 길이 언제나 가시밭길만은 아니다. 하느님께서는 내 인생의 무거운 짐을 통해 겸손을 가르치시고, 내 고통과 시련을 통해 십자가의 사랑을 일깨우신다. 인생은 어둠 속에서 빛을 찾는 여정임을 잊지 말아야 한다!

"친구들을 위하여 목숨을 내놓는 것보다 더 큰 사랑은 없다"
(요한 15,13)고 말씀하신 예수님처럼 우리가 사랑하는 사람들을
위해 죽음을 받아들인다면 우리의 죽음은 다른 사람을 위한 축복
이 되고, 자신의 죽음에 의미가 있음을 알게 될 것이다.

인생은 이처럼 마지막 순간에 그가 살아왔던 삶의 무게를 볼
수 있다. 마지막 순간에 얼마나 오래 살았느냐는 중요하지 않다.
우리는 숨이 멈추는 그 순간, 우리의 가슴에서 고동이 멈추는 그
순간, 어떻게 살았느냐? 어떤 영향을 끼치고 살았느냐? 하는 것
만이 남을 것이다. 즉 우리가 이 세상에서 얼마나 **'사랑의 삶'**을 살
았는가? 하는 것이 관건이다. 사랑은 훌륭하고 거창한 것이 아니
다. 비록 우리 눈에 작고 보잘 것 없어 보이는 것일지라도 진정 마
음에서부터 우러나오는 연민과 자비의 행위이다.

우리가 죽었을 때 하느님께서는 우리가 어떤 큰일을 했는지,
얼마나 사람들에게서 칭찬과 인정을 받았는지를 묻지 않으시고,
얼마나 많이 사랑했느냐? 고 물으실 것이다. 내가 예수님을 믿고
예수님을 사랑하며 살았다면 이제 그의 심장과 그의 복음을 가지
고 어떤 영향을 남기고 떠나야 할까?

잘 늙고 잘 죽는 것을 연습하고 성취하는 것은 참으로 어렵고도 힘든 일이다. 늙어가는 사람 누구도 자신이 얼마나 잘 늙을 수 있을지 짐작하거나 장담할 수 없다. 잘 늙는 법을 연습하고 성취하는 것은 마치 기술을 연마하듯 많은 인내와 노력이 필요하다. 우리가 어떤 기술을 배우려 할 때 예상치 않은 실수를 할 수 있다. 그러나 그 실수를 통해서도 우리가 배울 수 있음을 알듯이 늙어가는 일에서도 마찬가지다.

우리가 늙어가면서 잘 늙을 수 있도록 노력하는 것은 또한 죽음을 잘 준비하는 것이기도 하다. 우리가 나약함에도 불구하고 꾸준히 하느님을 신뢰하면서 도움을 청한다면 하느님은 우리의 노력을 축복하시고, 노년의 지혜와 자유를 선사하시어 다른 이들을 위한 축복이 되게 하실 것이다! 늙는 것이 우리를 지혜롭게 하고 자신과 남들에게 너그러워지는 길이 된다. 우리 노년이 참으로 행복하여 다른 사람도 행복하길 바라는 마음으로 정성을 다해 기도 드리자!

맺으면서

젊은 시절에 많은 씨를 뿌리고 가꾼 노인은 이젠 그 모든 노력의 결실을 수확할 때가 되었다. 누구나 인생에서 나름대로의 전성기가 있기 마련, 비록 싱싱하고 푸른 전성기가 있었다 할지라도 노년에는 다시 돌아올 수 없는 지난날들을 회상하면서 그리워한다. 한 시절에는 많은 사람들과 교류를 하고, 많은 씨앗을 뿌려 풍성한 열매를 거두어들이는 기쁨이 있었다!

그러나 어제는 지나간 것, 지나간 것을 펼쳐놓고 그때의 영광을 누리고 싶겠지만 그 모든 것은 지나간 것이다. 이젠 내가 무엇을 해야 하나? 걱정할 필요가 없다. 노년에는 아무것도 하지 않는 것이 그의 길이다. 무엇을 해야 한다고 자기 자신을 끌고 가지 말아야 한다. 그때는 '그것'이고, 지금은 '이것'이다!

하지만 아무도 그를 묶어놓지 않는데도 스스로 자신을 묶어두고 있다. 때로는 막막하게 느껴지고 답답하지만. 지금은 모든 것을 내려놓아야 한다! 아무것도 할 수 없어서가 아니라 지금, 이제 할 일, 할 수 있는 일이 다르기 때문이다. 그러므로 할 수 있는 것이 없고, 가진 것이 없다고 두려워하지 말아야 한다. 비워내는 만큼 새로운 것으로 채워질 수 있다. 스스로 이 모든 상황을 받아안고서 마음과 몸을 내려놓으면 외로움도 사라질 것이다!

이제 노인은 자기만의 독특한 모습과 향기를 지닌 꽃으로, 씨를 뿌리고 가꾼 열매를 거두어들일 때가 되었음을 잊지 말아야 한다. 흐르는 세월 따라 몸은 쇠약해지고 마음은 점점 다른 색으로 변한다. 그 변화를 쉽게 느낄 수는 없지만 시간이 조금씩 지난 후에 바라보면 큰 변화가 있음을 알 수 있다. 그러나 자신의 마음이 어떤 색으로 변해가고 있는지 바라볼 여유조차 없이 젊은 시절에는 그저 바쁘게만 살았다. 그렇게 살아야만 내 삶이 보람 있고, 존재감을 느낄 수 있다고 생각했기 때문이다. 비록 새까만 색이 내 안에서 배어 나오고 있어도 겉만 닦아내거나 덧칠하면 괜찮아질 수 있다고 생각했다. 내 안의 나, 원래 색을 만들려면 내 마음을 다듬어야 한다. 나이 들면서 비록 신체적으로는 쇠약해지지만 지혜가 풍부해지고 남들에게 큰 짐이 되지 않고, 몸과 마음이 건강할 수만 있다면 얼마나 좋겠는가! 이런 행운은 오직 하느님의 선물이며 은총이다!

한 송이의 꽃을 피우기 위해 나무는 온 존재를 다 바쳐 살아간다.

줄기와 잎, 그리고 뿌리는 생명을 다해 꽃으로 피어나는,

그를 위해 정열을 쏟는다.

꽃은 매일 피어나는 꽃이 있는가 하면

한 계절 한 해가 걸려 또는 몇십 년 만에 피는 꽃이 있다.

그리고 평생에 단 한 번 피는 꽃도 있다.

피는 꽃이 귀하다지만 단 한 번 피는 꽃은 얼마나 더 귀할까!

보는 이마다 그 고귀함에 경탄한다.

하느님의 선물인 나의 꽃을 피우기 위해서는

참으로 많은 고생과 수고, 기다림을 감내해야 한다.

평생토록 하느님을 찾고 찾았을 때 얻을 수 있는

하느님의 귀중한 선물이기에

이 선물을 받은 이는,

나를 보아 달라고, 나를 알아 달라고

큰 소리를 지르며 두리번거릴 필요가 없다.

 내가 평생토록 가꾸어서 피워낸 꽃, 수고하여 맺은 열매를 거
두어들이는 기쁨이 있으리라는 기대와 희망이 있는가? 그렇다면

나이 들면서 노인이 된다는 것이 그리 슬프기만 하고 희망이 없는 것은 아니지 않은가.

　　나의 온 존재, 평생을 걸려 피워낸 꽃,
　　하느님 사랑의 표지를 인장처럼 매달고 다니며
　　언제나 하느님께 영광, 찬미, 감사를 드린다.

　　모든 것은 하느님의 영광을 위하여!

참고문헌

기뻐하고 즐거워하여라, 교황 프란치스코 지음, 한국천주교 주교회의

재 속의 불씨, 조안 치티스터 지음, 김영미 · 임수 · 임승희 옮김, 성바오로 출판사

나이 듦의 미학을 위하여, 소노 아야코 지음, 김욱 옮김, 리수

세월이 주는 선물, 조안 치티스터 지음, 이진 옮김, 문학수첩

황혼의 미학, 안셀름 그린 지음, 윤선아 옮김, 분도출판사

죽음 후에는 무엇이 오나?, 안셀름 그린 지음, 김선태 옮김, 분도출판사

노년의 기술, 안셀름 그린 지음, 김진아 옮김, 오래된 미래

55세부터 꿀맛 인생이어라, 안필준 지음, 에디터

노년기의 의미와 즐거움, 에릭슨 · 스키너 · 로저스 공저, 한성열 편역, 학지사

미움이 그친 바로 그 순간, 송봉모 지음, 바오로딸

제삼의 인생, 알폰스 데켄 지음, 김윤주 옮김, 분도출판사

나의 황혼, 축복받은 삶을 위하여, 조 슐리호프 지음, 한정아 옮김, 바오로딸

아름답게 나이 든다는 것, 안젤레스 에리엔 지음, 김승환 옮김, 눈과 마음

반만 버려도 행복하다, 이정옥 지음, 동아일보사

정오에서 해질 녘까지, 메리 다피츠 지음, 남학우.김효성 옮김, 성바오로 출판사

집으로 가는 우리의 여정, 장 바니에 지음, 참사람되어

침묵은 왜?, 한스 발호프 지음, 정하돈 옮김, 성바오로 출판사

행복한 사람들, 정하돈 지음, 가톨릭 신문사

일분교리(2), 정하돈 지음, 대구 평화방송

주님의 종이오니, 정하돈 지음, 가톨릭 신문사

이끄시는 길 따라, 정하돈 지음, 분도 출판사

노년을 위한 마음공부, 피델리스 루페르트 지음, 정하돈 옮김, 분도출판사

약해지지 마, 시바타 도요, 지식여행

우리, 노년의 삶을 이해합시다, 천주교 서울대교구 사목국 노인 사목국

노화, 영성, 종교, Melvin/A.Kimble 편저, 김열중 · 이순주 옮김, 노인사목연구위
   원회

나의 멘토, 나의 성인, 제임스 마틴 지음, 성찬성 옮김, 가톨릭 출판사

생활말씀(2018년), 끼아라 루빅

- Ja sagem zum Alter, Franz-Josef-Nocke, Koesel

- Die innere Freiheit des Alterns, Ingrid Riedel, Walter

- Die Kunst des Alterns, Riemann / Kleespies, reinhardt

- Wie werde ich fertig mit meinem Alter, Reinhard Abeln / Anton Kner

- Aaelter werden in der Gemeinschaft Ruthard Ott 세미나 강의

난년의행복

교회인가 2021. 1. 29.

글쓴이 정하돈

1판 1쇄 발행 2021. 3. 25.
1판 5쇄 발행 2023. 7.15.

펴낸곳 예지 | 펴낸이 김종욱
표지 · 편집 디자인 예온

등록번호 제 1-2893호 | 등록일자 2001. 7. 23.
주소 경기도 고양시 일산동구 호수로 662
전화 031-900-8061(마케팅), 8060(편집) | 팩스 031-900-8062

ISBN 979-11-87895-20-6 03230

예지의 책은 오늘보다 나은 내일을 위한 선택입니다.